Daniel Zanetti

Kundenverblüffung

REDLINE WIRTSCHAFT

Daniel Zanetti

Kundenverblüffung

Kreative Tipps, wie Sie Ihre Kunden nachhaltig an sich binden

2. Auflage

REDLINE WIRTSCHAFT

Daniel Zanetti
Kundenverblüffung
Kreative Tipps, wie Sie Ihre Kunden nachhaltig an sich binden
Frankfurt: Redline Wirtschaft, 2005
ISBN 978-3-636-01247-0

Unsere Web-Adresse:

http://www.redline-wirtschaft.de

2. Auflage 2005

Umschlag: INIT, Büro für Gestaltung, Bielefeld
Coverabbildung: ZEFA, Düsseldorf

Satz: J. Echter, mi
Druck- und Bindearbeiten: Ebner & Spiegel, Ulm
Printed in Germany

Inhaltsverzeichnis

„Do it big or stay in bed.“

Larry Kelly

Wie geht es Ihnen?

„Wie geht es Ihnen?“, hat mich letztes Jahr die Marketingleiterin eines Kunden von uns am Telefon gefragt. „Hervorragend!“, habe ich geantwortet. „Ach, kommen Sie ...“, entgegnete sie mir schon fast ungläubig. Doch ich blieb bei meiner ehrlichen Antwort. „Allen geht es schlecht, nur Ihnen scheint es gut zu gehen!“, lautete ihr Kommentar.

Es ist alles eine Sache der Betrachtungsweise. Natürlich habe ich auch Sorgen, Ängste und Nöte. Doch die schönen Dinge des Lebens überwiegen weit mehr!

Klar, die Presse ist schon seit Monaten voll von Negativschlagzeilen. Steigende Arbeitslosenzahlen jagen sinkende Börsenkurse. Fusionen werden kommuniziert und drohende Konkurse dementiert. Kein Zweifel, nichts ist mehr, wie und was es einmal war. Davon beeinflusst, macht sich eine kollektive Lähmung bei vielen Menschen breit. Diese äußert sich heute bereits beim telefonischen Erstkontakt. Auf die Einstiegsfrage Nummer eins „Wie geht es Ihnen?“ kriegt der Anrufer in der Regel erst einmal einen Seufzer als Antwort.

Eine Haltung, die ich zutiefst verabscheue! Die Probleme sind nicht das Problem, sondern die Einstellung der dafür vorgesehenen Problemlöser. Die persönliche Lebenseinstellung ist die Schaltstelle zwischen Glück und Unglück. Dies gilt vor allem auch bei Kundenbeziehungen.

Die in diesem Buch beschriebene Kultur der Kundenverblüffung ist weder neu noch erhebe ich Anspruch darauf, als Erfinder der Kundenverblüffungsstrategie in die Geschichte einzugehen. Ich lebe diese Kultur jedoch seit Jahren sehr konsequent und mit großem persönlichem Erfolg. Erfolg, der sich vor allem auch durch eine persönliche Bereicherung manifestiert. Denn wer seine Kunden verwöhnt, der wird auch von seinen Kunden verwöhnt, und auf einmal ist ein Kunde mehr als nur ein Debitor.

Kunden zu verblüffen ist meine Leidenschaft geworden und ich möchte meine Leidenschaft gerne mit Ihnen teilen. Lesen Sie mein Buch und lassen Sie sich inspirieren. Es ist ein Buch das aus Erlebtem, Gehörtem, Erlerntem, vor allem aber Bewährtem besteht.

Alle in diesem Buch beschriebenen Geschichten sind wahr. Es sind Geschichten, die ich als Autor dieses Buches selber erlebt oder aber selbst von anderen Menschen erzählt bekommen habe. Die Tatsache, dass diese Geschichten wahre Geschichten sind, macht das Buch so lebendig und wertvoll.

Ich widme dieses Buch deshalb all jenen Menschen, die mit ihren positiven Verblüffungserlebnissen mitgeholfen haben, dass dieses Werk ein inspirierendes Buch wurde.

Wenn Sie möchten, dann wird es eines der besten Investments, das Sie je getätigt haben. Sie haben es selbst in der Hand.

Ach übrigens, was ich Sie noch fragen wollte: „Wie geht es Ihnen?"

Daniel Zanetti, Juli 2003

1. Teil

Verblüffen Sie Ihre Kunden!

Zu Joe Friedmann

Gerne möchte ich Ihnen zu Beginn meines Buches Joe Friedmann vorstellen. Joe repräsentiert stellvertretend für uns alle den Kunden. Sie werden in diesem Buch öfter einmal schmunzeln und Ähnlichkeiten mit Joe feststellen, denn seine Erlebnisse sind auch Ihre Erlebnisse.

Joe Friedmann ist mal Geschäftsmann und mal Vater. Mal gut gelaunt und mal ganz mies drauf. Und er ist, wie wir alle auch, Zeit seines Lebens Kunde. Er verdient Geld und er gibt Geld aus.

Lassen Sie sich von Joe in den Kundenalltag entführen. Amüsieren Sie sich ruhig bei den schlechten Beispielen, denn die gibt es, wie wir alle wissen, zur Genüge.

Ein Buch zu schreiben, in dem nur die schlechten Beispiele vorkommen, ist jedoch keine Leistung. Vielmehr möchte ich Ihnen mit vielen verblüffenden Beispielen zeigen, dass es eben auch anders geht – besser und, wie ich es nenne, verblüffend gut!

Der erste Teil beschäftigt sich mit einer Analyse des derzeitigen Kunden- und Anbieterverhaltens. Darin zeige ich anhand vieler Alltagsbeispiele auf, wie wir Kunden Dienstleistungen erleben und wie unglaublich emotionslos unser Kundenleben eigentlich aussieht.

Doch der Nutzen dieses Buches liegt nicht in der theoretischen Aufarbeitung des Themas, sondern im Praxisbezug des zweiten Teils.

Joe Friedmann öffnet für uns sein Kundentagebuch und entführt Sie in eine Welt, die Ihnen bestens bekannt ist: Die Kundenwelt. Mit spitzer Feder geschrieben, oftmals unglaublich im Erlebnis und frustrierend im Ausgang beschreibt Joe vom Hotelbesuch bis hin zur Zahnbehandlung seine Erlebnisse.

Doch das Drama währt nur eine kurze Dauer. Im Anschluss an jedes schlechte Erlebnis finden Sie verblüffend gute Kundenerlebnisse, an denen wir uns alle ein Beispiel nehmen sollten.

Zufrieden ist nicht zufrieden genug!

Die Idee zu diesem Buch kam mir vor fast acht Jahren. Mein Geschäftspartner Jörg Neumann und ich hatten den Schritt in die Selbstständigkeit gewagt und machten uns Gedanken, welches Verhältnis wir zu unseren Kunden pflegen möchten.

In einem Punkt waren wir uns schnell einig: Als Firmeninhaber möchten wir Beziehungen von Dauer aufbauen. Und ganz wichtig: Wir möchten nicht für jeden arbeiten. Sie lesen richtig, nicht jeder kann unser Kunde werden. Das mag arrogant klingen, aber schlussendlich war und bin ich der festen Überzeugung, dass Sympathie 50% des Erfolges ausmacht.

Wenn 50% des Erfolges durch Sympathie bestimmt sind, dann sind die anderen 50% die Leistung. Von dieser wird erwartet, dass sie professionell und in guter Qualität erbracht wird, sodass der Kunde zufrieden ist.

Doch reicht Zufriedenheit aus? Genügt dieser Zustand, um langfristige Kundenbeziehungen aufbauen zu können?

Vielmehr ist es doch so, dass der Kunde Professionalität voraussetzt. Und jetzt die schlechte Nachricht:

Er wird Ihre Professionalität unter Umständen nicht einmal als etwas Besonderes empfinden.

Aktiv zufriedene Kunden sind das Ziel

Beantworten Sie intuitiv folgende Fragen:

Auf welcher Bank liegt Ihr Geld?

Name der Bank:

____

Weshalb?

Gründe:

____

____

____

____

Der passiv zufriedene Kunde

Wenn Sie nicht sofort gute Gründe nennen konnten, weshalb Sie bei Ihrer Bank Kunde sind, dann können Sie sich in diesem Fall als passiv zufriedener Kunde Ihrer Bank bezeichnen.

Passiv zufriedene Kunden nennen als Gründe etwa:

- „Meine Eltern hatten ihr Sparbuch schon auf dieser Bank ...“
- „Ich bin schon seit Jahren bei dieser Bank und hatte nie ein schlechtes Erlebnis ...“ (aber eben auch kein gutes!)
- „Es ist eine bekannte Bank ...“
- Oder gar: „Ich weiß eigentlich auch nicht, weshalb ich ausgerechnet bei dieser Bank Kunde bin ...“

Der aktiv zufriedene Kunde

- „Ich habe zu meinem Berater ein sehr gutes Verhältnis! Er ist immer für mich da und hat mich immer bestens beraten.“
- „Meine Bank führt diverse Events durch, zu denen ich jeweils eingeladen werde, wie zum Beispiel das jährliche Golfturnier, Theatervorführungen etc.“
- „Meine Hausbank hat eine hervorragend gute Online-Trading-Software. So bin ich in der Lage, Aktien von zu Hause aus zu handeln.“

Äußerungen wie diese hingegen machen Sie zu einem aktiv zufriedenen Kunden Ihrer Bank!

Der Unterschied ist markant!

Ein passiv zufriedener Kunde ist sozusagen ein Zufallskunde. Er wechselt die Bank, sobald ihm ein anderer Banker bessere Konditionen oder einen Zusatznutzen unter die Nase reibt. Er ist anfällig, abgeworben zu werden. Da keine Bindung besteht, wird ihm die Kündigung auch nicht schwer fallen.

Der aktiv zufriedene Kunde hingegen kann gute Gründe nennen, weshalb er Kunde ist. Er ist aktiv zufrieden und wird dies auch bei jeder Gelegenheit äußern. Er identifiziert sich mit der guten Leistung seiner Bank. Sie ist für ihn einzigartig!

Doch was, wenn ein Unternehmen keine Einzigartigkeit aufweist? Was, wenn Mitarbeitende entdecken, dass in der Firma zwar gute Arbeit geleistet, die Unternehmung vom Kunden jedoch als langweilig empfunden wird?

Wir sind ja alle Mitarbeiter und Kunden. Deshalb rate ich Ihnen, überprüfen Sie doch generell einmal, wo Sie ein aktiv respektive passiv zufriedener Kunde sind. Wählen Sie als Kunde gezielt aus, bei wem Sie Ihr Geld ausgeben, und Sie werden erreichen, dass Sie als aktiv zufriedener Kunde mehr für Ihr Geld kriegen!

Wir möchten mehr bieten, als der Kunde von uns erwartet

Das „möchten" in der Tat viele Firmen. Da dieser Satz in vielen Firmenbroschüren abgedruckt ist, möchte ich Ihnen kurz aufzeigen, dass diese „Selbstbeweihräucherung" aus Sicht des Kunden keinen Sinn macht.

Die Bedürfnisse der Kunden sind ja zum Teil grundverschieden. Der eine Kunde legt mehr Wert auf die Beratung, beim anderen hingegen spielen die Garantieleistungen und Lieferzeiten eine übergeordnete Rolle und den Dritten interessiert hauptsächlich der Preis.

Wenn ein Unternehmen nun mehr bieten möchte, als der Kunde erwartet, dann müsste es folgerichtig bei jedem einzelnen Kunden die Erwartungen zuerst abklären. Diese Erhebungen können ausschließlich über eine Befragung erfolgen. Bei einem Beratungsunternehmen, das von 100 Kunden gut leben kann, kein Problem! Was aber tun ein Detailhändler oder eine Versicherungsgesellschaft, die mehrere tausend Kunden haben?

Ein Ding der Unmöglichkeit, außer das Unternehmen macht sich verblüffend einzigartig!

Die verzweifelte Suche nach der Einzigartigkeit

Wenn Sie Mitarbeitende fragen, was denn ihre Firma ganz Spezielles oder gar Einzigartiges anbietet, dann bekommen Sie meistens einen fragenden Blick als Antwort.

- „Was soll denn auf einer Taxifahrt von A nach B Einzigartiges geboten werden?“
- „Was soll beim Frisör denn passieren, außer dass er die Haare schneidet?“

Nennen Sie doch zu jeder der beiden Dienstleistungen, die Sie übrigens unzählige Male in Ihrem Leben in Anspruch nehmen, einige verblüffend gute Erlebnisse, die Sie als Kunde schon hatten.

Wahrscheinlich fällt Ihnen jetzt kein verblüffendes Beispiel ein. Keine Sorge, damit sind Sie nicht alleine!

Dieses Buch wird das ändern!

Übrigens: Wenn Sie demnächst wieder auf dem Frisörstuhl Platz nehmen, sollten Sie sich einmal folgende Fragen stellen:

- „Was macht mein Frisör einzigartig?“
- „Was bietet er mir, das ich anderswo nicht erhalte?“

- „Welchen Nutzen habe ich davon, dass ich sein Kunde bin?“

Willkommen in der emotionslosen Kundenwelt

Ist Ihnen schon einmal aufgefallen, wie emotionslos Sie Ihr Geld ausgeben? Fast alle Dienstleistungen sind gleich, schlimmer noch, sie sind voraussehbar!

Wo treffen wir auf das Außergewöhnliche? Wo bleibt die Abwechslung, die unser Kundenleben lebenswerter macht?

Dem Handel stellt sich immer häufiger die Frage, was Kunden in Zukunft noch verkauft werden kann. Wir konsumieren 50 Fernsehkanäle, zappen uns den Abend lang durch die Vielfalt der Unterhaltung und sind dann nachts um elf frustriert, weil wir doch nichts gesehen haben.

Oder wir möchten ein Auto kaufen und haben nebst einer riesigen Farbauswahl auch noch über 40 Innenausstattungsmöglichkeiten zu entscheiden. Letztendlich fahren wir das Auto ein Jahr und sind frustriert, weil es zwischenzeitlich schon wieder neuere, innovativere Produkte und Dienstleistungen gibt. Anstelle von mehr Service erhalten Kunden mehr gleiche Produkte.

Dabei sammeln Marketingmanager fleißig Informationen über ihre Kunden, die allerdings selten ausgewertet und noch viel seltener für den Kunden genutzt werden. Customer Relations Management (CRM) nennt sich das dann und wird mit viel Geld und noch mehr Zeit in vielen Firmen implementiert. Doch was nutzen all die Daten, die über die Kunden gesammelt und erfasst werden, wenn sie nicht dazu führen, dass dem Kunden ein noch besserer Service geboten wird?

Ihre Krankenversicherungsgesellschaft weiß doch genau, dass Sie beim Skilaufen einen Beinbruch erlitten haben. Sie weiß auch, in welcher Klinik Sie liegen. Trotzdem schickt Ihnen keiner der 5000 Angestellten ein Genesungskärtchen.

Und wenn Ihnen die Versicherungsgesellschaft dann schreibt, dann lesen Sie im Brief zuoberst rechts eine 9-stellige Nummer. Das sind Sie. Eine zwar lange, aber eben unbedeutende, neutrale Nummer. Der Brief beginnt dann nicht etwa mit „Wir wünschen Ihnen, lieber Joe Friedmann, gute Genesung!" und ist vom Team unterzeichnet. Nein, der DIN 5008 Normbrief beginnt mit „Sehr geehrter Kunde" oder gar mit „Sehr geehrte Damen und Herren". Gut möglich, dass Sie bei dieser Firma schon seit über 10 Jahren versichert sind ...

Auch hier haben die Menschen hinter dem Customer Relations Management (CRM) versagt.

Sie sehen, wir versinken in der Flut von Informationen und Möglichkeiten. Vor allem die Möglichkeit, dem Kunden ein emotionales Erlebnis zu bieten, wird bisweilen kaum genutzt. Gerade dies nenne ich jedoch ganz simpel eine Kundenverblüffung. Nicht das Produkt ist mehr wichtig, sondern wie man damit umgeht.

Die Kunden lechzen förmlich nach kleinen wohltuenden Erlebnissen, wenn sie ihr Geld ausgeben.

Obwohl alle über Unfreundlichkeit klagen und das Problem der zu geringen Kundenorientierung in den Branchen bekannt ist, bekommt man nicht den Eindruck, dass sich die Situation nachhaltig verbessert.

Das hat negative Folgen. Für den Kunden und den Anbieter!

- Kunden macht es keinen Spaß mehr, Geld auszugeben. Etwas zu kaufen wird zur Pflicht anstatt zur Kür.
- Die Anbieter offerieren Dienstleistungen, die bei der Kundschaft keine positiven Spuren hinterlassen. Der Effekt ist fatal, denn der Kunde definiert Sie über Ihr Produkt und nicht über Ihre Leistung. Das Produkt bekommt der Kunde jedoch auch an jedem anderen Ort in der gleichen Qualität und zum gleichem Preis. Wetten?

Ich bin der Frage nachgegangen, weshalb wir ein emotionsarmes Kundenleben fristen. Gerne lasse ich Sie auf den nächsten Seiten an meinen Gedanken hierzu teilhaben.

Ein Blick in den Rückspiegel

Täglich beziehen Sie irgendwelche Dienstleistungen oder Produkte, für die Sie Ihr hart verdientes Geld ausgeben. Das Einkaufsritual geschieht oft immer wieder gleich. Das hat einen Nachteil, nämlich den, dass eine Dienstleistung nicht mehr als solche wahrgenommen wird.

Schauen Sie einmal zurück! Überlegen Sie, wofür Sie in den letzten 24 Stunden Geld ausgegeben haben.

- Waren Sie fünfmal oder gar zehnmal Kunde?
- Haben Sie sich auch als Kunde gefühlt oder eher als Bittsteller?
- Welche der „gekauften" Dienstleistungen kommen Ihnen sofort, welche kaum mehr in den Sinn?

Wenn Ihnen gewisse Dienstleistungen, die Sie bezogen haben, nicht mehr in den Sinn kommen, dann hat das mit unbewusstem Kaufverhalten zu tun. Dies ist jedoch nicht Ihr Problem, sondern das des Anbieters. Er sollte ein großes Interesse daran haben, dass Sie seine Dienstleistung bewusst wahrnehmen. Damit meine ich selbstverständlich nicht nur das Produkt, sondern vor allem die Art, wie es Ihnen verkauft wird. Denn nur wenn Sie als Kunde diese Dienstleistung bewusst für gut befinden, haben Sie triftige Gründe, auch sein Kunde zu bleiben. Nur so entsteht zwischen Anbieter und Kunde eine Bindung.

Lassen Sie mich dies an einem Beispiel erklären:

Sie sind bereits vor Ihrem Urlaub in der Lage, detailliert aufzuschreiben, wie das Check-in im Hotel ablaufen wird, wetten?!

Schreiben Sie in Stichworten auf, wie Ihrer Erfahrung nach ein Hotel-Check-in abläuft:

____

____

____

____

____

____

____

____

____

____

Auf der nachfolgenden Seite finden Sie den Beweis, wie verblüffend ähnlich Ihre und meine Erfahrungen sind. Ich habe in meinem Leben schon mehr als tausendmal in einem Hotel geschlafen. Davon bewerte ich gerade mal 5% aller Aufenthalte als verblüffend gut. Die übrigen wurden aus meinem Gedächtnis gelöscht. Schade für mich? Nein, schade für das entsprechende Hotel, denn es hat die Chance verpasst, mit einer Verblüffung einen nachhaltigen Erinnerungseffekt zu erzielen.

So läuft in 95% aller Fälle ein Hotel-Check-in ab:

Sie kommen durch die Türe in die Hotelhalle.

Dort treffen Sie hinter einem Tresen auf eine Empfangsmitarbeiterin. (Weshalb eigentlich hinter einem Tresen? Begrüßen Sie Ihre Gäste zu Hause etwa auch hinter einem Tresen?)

Sie werden mehr oder weniger herzlich begrüßt.

Höchstwahrscheinlich werden Sie mit Standardfragen wie „Haben Sie das Hotel gut gefunden?" oder „Hatten Sie eine gute Anreise?" konfrontiert.

Danach schreiben Sie sich ein. Ein Prozedere, das man Ihnen als Gast schlicht ersparen könnte (außer dem Unterschreiben). Vor allem dann, wenn die Empfangsmitarbeiter schon seit Ihrer Reservierung über die notwendigen Angaben verfügen.

Jetzt erhalten Sie den Zimmerschlüssel und einige Informationen zu den Öffnungszeiten des Restaurants, zur Benutzung des Hallenbades und die Wegbeschreibung zum Zimmer etc.

Danach begeben Sie sich zum Fahrstuhl, und was dann passiert, erfahren Sie einige Seiten weiter in der Geschichte „Fühlen Sie sich wie zu Hause".

Das Gästebegrüßungsritual in Hotels ist zur ISO-Norm verkommen und die Gastgeber sind selten mehr als Beamte oder Verwalter ihrer eigenen Qualitätsgütesiegel.

Dies verdanken wir leider oftmals den Qualitätsnormen, die dafür sorgen, dass wir nicht mehr spontan und individuell bedient werden, sondern Dienst nach Vorschrift erleben.

Das erfahren Sie übrigens beim Check-out wieder. Als Gast sagen Sie der auf den Bildschirm blickenden Mitarbeiterin: „Ich möchte gerne auschecken." Die Mitarbeiterin: „Hatten Sie was aus der Minibar?"

Kein „Guten Morgen, Herr Friedmann, haben Sie gut geschlafen?" oder Ähnliches.

Fragen Sie zu Hause Ihre Gäste morgens etwa auch als Erstes: „Na, hast du was aus dem Kühlschrank genommen?"

Ich betone dies deshalb so nachdrücklich, weil heutzutage viele Hoteliers „Gast**geber**" auf ihrer Visitenkarte stehen haben. Dem Gast etwas geben heißt eben nicht, dem Gast etwas nehmen. Oft wird einem aber als Gast der Glaube genommen, dass der Aufenthalt doch noch ein gutes Ende nimmt.

Ohne Zweifel: Hier werden Chancen leichtfertig vergeben. Und das Hotel steht hier nur als einleuchtendes Beispiel für hundert andere Dienstleistungen, die wir Tag für Tag erleben.

Es ist nicht böse Absicht der Mitarbeiter, sondern schlicht und einfach eine Verhaltensstörung.

Die erstaunliche Verwandlung vom Verkäufer zum Käufer

Wir tendieren dazu, unser eigenes Verhalten mit verschiedenen Ellen zu messen. Vor allem dann, wenn ein Verkäufer nach Dienstschluss auf einmal von der Rolle des Anbieters in die Rolle des Kunden wechselt, wie folgendes Beispiel zeigt:

Der unfreundliche Schuhverkäufer hat um 18.00 Uhr Dienstschluss und verabredet sich im Restaurant mit Kollegen. Dort regt er sich furchtbar auf, weil seiner Meinung nach die Bedienung nicht freundlich ist. Zwischen 18.00 Uhr und 19.00 Uhr hat dieser Mensch eine wundersame Verwandlung erlebt. Innerhalb von 60 Minuten hat sich hier ein Verkäufer zum Käufer gewandelt.

Der Kellner wiederum schafft es in seinem Job nicht, den eiligen Managern nach dem Lunch die Rechnung in angemessener Zeit an den Tisch zu bringen. Den Gästen passt das gar nicht und so erhält der Kellner weniger Trinkgeld, was ihn wiederum demotiviert. Um 14.00 Uhr steht er dann selber als Kunde am Bankschalter und regt sich auf, weil er 10 Minuten anstehen muss, um einen Dauerauftrag zu beantragen.

Als Kunde erwarten wir einen raschen, tadellosen und freundlichen Service. Sobald wir dann jedoch selber zum Anbieter werden, gelten auf einmal ganz andere Maßstäbe. Wir reagieren mimosenhaft und nehmen jedes kritische Feedback eines Kunden gleich persönlich.

Würde jeder Anbieter seine Kunden so behandeln, wie er dies als Kunde selber erwartet ... – wir würden im Kundenparadies leben!

Ohne Bekanntheitsgrad nix los

„Tue Gutes und erzähle davon", ist eine alte Weisheit. Leider wird sie nur selten kopiert.

In einem Unternehmen, das der Kunde nicht kennt, kann er auch kein Geld ausgeben.

Wenn Sie ein neues Auto anschaffen möchten, dann werden Sie jene Marken in die Auswahl mit einbeziehen, die Sie kennen. Pech für die weniger bekannten, vielleicht aber qualitativ ebenso guten!

Deshalb ist es das Wichtigste überhaupt, seinen Bekanntheitsgrad zu steigern. Die Medien eignen sich selbstverständlich ideal dafür, mit einem großen Vorbehalt: Medien schreiben nicht über gewöhnliche Leistungen. Wenn also ein Anbieter bekannt werden möchte, muss er etwas Besonderes bieten, ansonsten wird er nie einen Journalisten treffen, nie in eine Fernsehkamera lächeln und auch nicht seine Konkurrenten überrunden.

Es gibt zwei Überlebensmöglichkeiten für einen Anbieter:

Entweder er ist günstiger als seine Mitbewerber oder aber bedeutend besser.

Da die Produktqualität (schlechte Autos werden schon seit den 80er Jahren nicht mehr gebaut) in unseren Breitengraden sehr hoch ist, wird es zunehmend schwieriger, das „besser" über die

Qualität zu definieren. Viel einfacher ist es, das „besser“ durch „anders als die anderen“ zu erreichen. Und schon wieder merken wir, dass Innovation gefragt ist, die viele von uns vielleicht nicht haben ...

Setzen Sie die Brille Ihrer Kunden auf und Sie werden innovativ!

Kunden schätzen Dienstleistungen, beklagen sich jedoch über Preis-Leistungs-Verhältnis, Unfreundlichkeit, Ineffizienz etc.

Nur wenn die Dienstleistung kundenorientiert inszeniert wird und der Kunde das vermeintlich Normale als verblüffend gut bewertet, erzielt ein Unternehmen entscheidende Vorteile, nämlich:

- Der Kunde empfindet das Preis-Leistungs-Verhältnis positiv, da durch die Einzigartigkeit Preis und Leistung nicht mehr automatisch mit Konkurrenzprodukten verglichen werden.
- Der Kunde erfasst die Leistung als besonders und wird sein Erlebnis weitererzählen, was ihn auf einmal zu einem Verkäufer macht. Stellen Sie sich vor, Ihr zahlender Kunde ist gleichzeitig Ihr kostenloser Verkäufer. Wow!
- Das Image der Firma verbessert sich, da die Firma als innovativ und besser als die Konkurrenz eingestuft wird.
- Der Bekanntheitsgrad wird als Folge der genannten Punkte gesteigert.

Die meisten Menschen sind aus drei Gründen NICHT innovativ:

- Ihnen fehlt der Mut zum Anderssein.
- Ihnen fehlt das Talent, ihre Sympathie zu verschenken.
- Ihnen fehlt es an der Konsequenz, das, was sie wissen, auch umzusetzen.

Das muss nicht sein ...

Mut, Sympathie und Konsequenz – ein unschlagbares Trio!

Wo bleibt der Mut?

Wenn wir eines gänzlich verloren haben, dann ist es Mut. Ich meine hier nicht einen Hochseilakt ohne Sicherheitsnetz. Auch nicht einen Fallschirmabsprung. Ich spreche von jenem Mut, den man in der Geschäftswelt braucht, um anders zu sein. Anders als die Mitbewerber.

Anders sein heißt zwar noch nicht besser sein, doch oftmals reicht anders sein schon und man wird als innovativ wahrgenommen. Anders und besser, das ist die Maxime!

Wenn Sie zum Beispiel in einer Firma anrufen, dann erklingen in der Warteschleife mit an Sicherheit grenzender Wahrscheinlichkeit die „Vier Jahreszeiten" von Vivaldi oder aber eine monotone Stimme ertönt mit den drohenden Worten „Bitttte warrrrtän-bitttte warrrrtän". Weshalb legen Sie nicht einfach eine Michael-Mittermaier- oder eine Loriot-CD ein, damit die Wartenden wenigstens die Lachenden sind!

In meinem Unternehmen überbrückt schon seit Jahren ein Komiker die Wartezeit, und das mit Erfolg. Einige Unternehmen haben diese Idee zwischenzeitlich von uns kopiert, was für die Idee spricht ...

Ich gebe es ja zu, die Idee ist nicht unbedingt genial, aber immerhin mutig. Denn wenn ich jemandem davon erzähle, dann findet diese Person in der Regel zahlreiche Gründe, weshalb dies im eigenen Unternehmen nicht praktikabel ist.

- „In unserer Branche geht das nicht!"
- „Unsere Kunden könnten denken, wir seien nicht seriös!"
- „Was, wenn einer kein Mittermaier-Fan ist?"

Und so weiter ...

Viele Gründe dagegen, aber keiner dafür. Welch mutlose Einstellung das doch ist. Ja nicht anders sein, ja nichts ausprobieren. Es könnte ja ein Flop werden.

Ich möchte Ihnen zum Thema „Mut" noch eine Geschichte erzählen, die sich tatsächlich so abgespielt hat.

An einem schönen Mittag im Herbst traf ich mich mit Heinrich Gruben, CEO der Firma *Hightech*, zum Lunch. Ich war mächtig stolz, dass sich dieser Top-Shot für unsere Dienstleistungen interessierte, und hatte mich entsprechend gut auf unser Kennenlern-Gespräch vorbereitet. Nach der üblichen Begrüßung drückte uns der Kellner die Speisekarte in die Hand und wir vertieften uns beide in die

Auswahl. Auf einmal sagte mein gegenüber: „Mmmm, die haben sogar Crêpes Suzettes." Crêpes Suzettes sind flambierte Pfannkuchen, die er jedoch trotz „Mmmmm" nicht bestellte. Das Gespräch verlief sympathisch, angeregt, jedoch ohne direkte „Geldfolgen". Wieder im Büro angekommen notierte ich in unserem Client Loyality System (wir nennen es bewusst NICHT Datenbank, weil wir unsere Kunden nicht verwalten möchten ...) den Vermerk: *Herr Gruben ist ein großer Crêpes-Suzettes-Fan!*

Hier erfährt die Geschichte ein vorläufiges Ende. Soweit nichts Besonderes. Erst drei Monate später gewinnt dieser Eintrag wieder an Bedeutung. Wir drucken in unserer Firma immer Mitte Monat die Kunden-Geburtstagsliste für den Folgemonat aus. Und dort stand am 15. Januar der Name Heinrich Gruben.

Nun liegt es an mir, im Rahmen unserer firmeninternen Kundenverblüffungsstrategie zu überlegen, ob und wie Herr Gruben zu verblüffen sei. Ich starte also den PC und sehe auf der Maske des Heinrich Gruben diverse Einträge: Adresse, Funktion, Telefonnummer, Bemerkungen. Im Feld „Bemerkungen" fand ich folgende Einträge:

- Sehr elegant gekleidet
- Raucht Davidoff-Zigarren
- Fährt einen Roadster

- Hat zwei Kinder (David 6 und Lisa 3)
- Seine Frau heißt Anja und ist Schwedin.

Und ganz unten steht:

Crêpes-Suzettes-Liebhaber

Drei Tage vor seinem Geburtstag rufe ich seine Sekretärin an und frage, ob Herr Gruben am 15. Januar im Büro erreichbar sei. Seine Sekretärin sagt: „Bis 15.30 Uhr hat er eine interne Besprechung, anschließend ist er bestimmt noch bis 17.30 Uhr im Büro."

Ich bedanke mich für die Auskunft, wähle die Nummer des Restaurants, das in der Nähe seines Büros ist, und gebe dem Kellner folgenden Auftrag: „Ich bitte Sie, um 16.00 Uhr mit dem Flambierwagen in die Firma *Hightech* zu gehen und im Büro von Heinrich Gruben, CEO, eine Portion Crêpes Suzettes zu flambieren." Der Kellner dachte zuerst, es handle sich hierbei um eine Veräppelung eines Radiosenders. 10 Euro Trinkgeld und meinen Motivationskünsten ist es zu verdanken, dass er diesen, wie er sagte, „außergewöhnlichen Auftrag" ausführte.

Die Reaktion kam schnell. Der Kellner rief mich nach ausgeführtem Auftrag an und erzählte mir total motiviert, was er erlebt hatte.

Als er mit dem Flambierwagen, Pfannen und sämtlichen Zutaten beladen ins Gebäude kam, herrschte bereits an der Rezeption Aufregung.

„Wen möchten Sie sehen?" „Wohin möchten Sie damit gehen?" „Zu unserem Chef?"

Nach langem Hin und Her betrat er den Fahrstuhl, drückte den Knopf für die Chefetage und fand sich direkt im Büro des verblüfften Heinrich Gruben wieder.

„Herr Gruben, ich darf Ihnen ganz herzliche Geburtstagswünsche von NeumannZanetti & Partner überbringen und zu diesem besonderen Tag auch gleich Ihr Lieblingsdessert zubereiten."

Herr Gruben war so verblüfft, dass er gleich einige seiner Mitarbeiter zusammentrommelte und ein „get together" veranstaltete. Crêpes Suzettes essend diskutierten dann alle Anwesenden darüber, wie denn NeumannZanetti & Partner zu den Informationen über das Geburtsdatum und Herrn Grubens Lieblingsdessert käme. Einige Arbeitskollegen erfuhren nämlich erst durch unsere Aktion vom Geburtstag ihres Chefs. Vom Lieblingsdessert erst recht. (Die Antwort lautet: durch aktives Zuhören!)

In der darauf folgenden Woche erhielten wir einen Brief von Herrn Gruben. Er schilderte eine A4-Seite lang in den tollsten Farben, wie sehr er dieses Geburtstagsgeschenk genossen hat.

Der Verblüffungseffekt war gigantisch und noch Jahre später wurde ich auf Umwegen darauf angesprochen. Heute ist die Firma *Hightech* unser

Kunde und Herr Gruben mehr als nur ein Geschäftspartner ...

Hier meine Frage an Sie:

War diese Aktion besonders mutig von mir?

Die Antwort lautet: NEIN!

Nein deshalb, weil ich nicht vermutet habe, dass Herr Gruben Crêpes-Suzettes-Liebhaber ist, sondern weil ich es WUSSTE!

Hätte ich es lediglich vermutet, dann wäre das Ganze vielleicht ein Flop geworden. Da ich es jedoch wusste, benötigte es keinen Mut, sondern lediglich die Konsequenz, diese Idee auch zu verwirklichen.

Die Crêpes-Suzettes-Aktion kostete meine Firma übrigens inklusive „Bestechungs-Trinkgeld" für den Kellner 30 Euro.

Welches wären die Alternativen gewesen?

- Ein Blumenstrauß für 40 Euro?
- Eine Flasche Wein für 20 Euro?
- Nichts tun?

Urteilen Sie selbst, wie das Kosten-Nutzen-Verhältnis ausgefallen ist und welche Wirkung damit erzielt wurde ...

Tatsache ist, dass alle erfolgreichen Unternehmen auch mutige Unternehmen sind. Wer nichts wagt, ist nicht innovativ. Wer nicht innovativ ist, der wird vom Kunden gemieden. Wer vom Kunden gemieden wird, geht unter.

Dale Carnegie hat einmal, auf sein Lebensmotto angesprochen, gesagt:

Blamiere dich täglich!

Ein wahrlich kopierenswertes Motto, finden Sie nicht auch?

Zur Sympathie

Die Sympathie sorgt dafür, dass sich Kunden emotional an eine Person, an ein Produkt oder eine Marke binden. Sympathie ist es, die uns innerlich verpflichtet, erneut ein Restaurant aufzusuchen, weil wir den Kellner mit Namen ansprechen können und weil er uns so zuvorkommend bedient hat.

Sympathie ist es, die einem das Geldausgeben etwas leichter macht. Freundlichen Menschen gegenüber ist man großzügiger. Vor allem aber toleranter. Selbst wenn ein Fehler unterlaufen ist, bewahren wir Ruhe und Gelassenheit, vorausgesetzt, die Person ist sympathisch.

Ganz unbestritten ist die Sympathie auch der Grund, weshalb wir uns verlieben.

Sympathische Menschen werden als attraktiver wahrgenommen. Sie strahlen Wärme und Kraft aus und wirken erfolgreicher.

Es gibt unzählige Autohändler, bei denen Sie ein Auto kaufen können. Wenn Sie Preisvergleiche machen, werden Sie feststellen, dass selbst bei den Neuwagen die Preise von Autohändler zu Autohändler verschieden sind. In fast allen Fällen können Sie beim teureren Anbieter den Preis so weit runterhandeln, dass er auf das Niveau des günstigsten Anbieters fällt. Die Frage lautet jedoch: Bei welchem Händler kaufen Sie Ihr Auto, wenn der Preis der gleiche ist?

Die Antwort lautet: beim sympathischen!

Nicht Sachbearbeiter braucht das Land, sondern Menschenbearbeiter.

Weshalb sollen Sie Ihr Geld bei einem ungehobelten Anbieter ausgeben, der weder auf Ihre Bedürfnisse eingeht noch Ihren Namen richtig ausspricht? Der schlecht gekleidet ist und keine Manieren hat?

Wenn Sie mutig und sympathisch sind, dann fehlt Ihnen nur noch etwas zum innovativen Kundenverblüffungsprofi:

Die Konsequenz

Nämlich jene Konsequenz, die man braucht, um nicht vom Ziel abzukommen.

Mir hat kürzlich ein orthopädischer Schuhmacher erzählt, dass sich seine Kunden außerordentlich freuen, wenn er sich drei Wochen nach der Schuhaushändigung beim Kunden telefonisch nach dem Befinden erkundigt. „Na, sind Ihre neuen Schuhe bequem? Kann ich auf irgendeine Weise noch etwas für Sie tun?"

Die Kunden seien ob so viel Kundenorientierung jeweils regelrecht verblüfft und sagten, es sei nicht üblich, dass sich jemand so um seine Kunden kümmert.

Den Mut, es zu tun, hat der Schuhmacher bewiesen und sympathisch ist er allemal. Schade nur, dass er seine Idee nicht konsequent umsetzt, denn er bietet diesen Service lediglich 30% seiner Kunden. Aus Zeitgründen, wie er sagt.

Nachdem er mir voll Begeisterung erzählt hat, wie erfolgreich seine Methode sei und wie viele Neukunden er durch aktives Weiterempfehlen gewinnen konnte, gesteht er mir, wie sehr er dennoch mit seinem Geschäft zu kämpfen hätte.

Ich bin fest davon überzeugt, dass er seinen Service allen seinen Kunden bieten sollte. Nur so kann er noch mehr zufriedene Kunden gewinnen, die aktiv für ihn werben.

Die Frage ist nicht, wie viel Zeit etwas benötigt oder wie viel etwas kostet. Die Frage lautet einzig und allein: Was bringt es meinem Kunden?

Die Sache mit dem Timing

Eine Verblüffung muss inszeniert werden! Der positive Effekt für Ihren Kunden soll nachhaltig wirken. Es stellt sich also die Frage, wann inszeniere ich die Kundenverblüffung?

Beispiel: Im Gespräch mit einem Ihrer Kunden erfahren Sie, dass er in einer Woche bei einer Kundenveranstaltung eine wichtige Rede halten darf. Dies ist für jedermann eine Zusatzbelastung, denn man möchte ja schließlich dabei gut aussehen.

Ihnen ist die Idee gekommen, Ihren Kunden mit einer Dose „Red Bull" und einem Büchlein „Die besten Zitate der besten Redner" zu überraschen. Zusätzlich legen Sie dem Geschenk noch eine motivierende, handgeschriebenen Karte bei, mit der Aufschrift:

„ ...gibt Power und verleiht Ihren Worten Flügel. Viel Erfolg bei Ihrer Rede wünscht ..."

Das Ganze stellen Sie per Post zu. Was denken Sie, wann sollte Ihr Kunde idealerweise das Paket öffnen?

- Zwei bis drei Tage vor seiner Rede?
- Am Tag davor?
- Am Tag, an dem er seine Rede hält?

Psychologisch gesehen sind zwei bis drei Tage vor seiner Rede ideal. Erstens wirkt das Geschenk so symbolisch noch einige Tage bis zum Moment der Wahrheit und zweitens wird er noch genügend Zeit finden, um im Büchlein ein tolles Zitat für seine Rede auszusuchen.

Überlegen Sie sich kurz, was Ihnen selbst durch den Kopf gehen würde, wenn Sie der Empfänger dieses Päckchen wären? Könnte es sein, dass Ihnen folgende Gedanken kommen:

- „Einfach toll, dass der an mich gedacht hat!“
- „Unglaublich, dass er bei seinem vollen Terminkalender noch so einen Aufwand für mich betreibt!“
- „Wow, der versteht es wirklich, mich zu motivieren!“
- „Eigentlich müsste ich so etwas auch bei meinen Kunden machen.“

Sehen Sie, anstatt sich mit Ihren eigenen Spitzenleistungen zu identifizieren, identifizieren Sie sich mit jenem Menschen, der Ihnen diese sympathische Verblüffung „geschenkt“ hat. Machen Sie es wie er und machen Sie sich bei Ihren Kunden unvergesslich! Entdecken Sie die Marke „ICH“.

Die Marke „ICH"

Kundenverblüffung, wie ich sie definiere, ist eine Haltung, ja gar eine Philosophie. Wenn Sie diese Art der Kundenbeziehung leben und verinnerlichen, dann haben Sie bestimmt ein hervorragendes Image bei Ihrer Kundschaft. Dann wird man positiv über Sie sprechen und Sie sind auf einmal eine Marke. Eine einzigartige und unverwechselbare Marke. Sie können dann auch auf Ihren Titel auf der Visitenkarte verzichten, weil Ihr Name schon aussagekräftig genug ist.

(Es ist mir sowieso ein Rätsel, weshalb so viele Menschen auf einer Visitenkarte festhalten, was sie tun oder wer sie sind. Wenn der Kunde nicht merkt, nicht erlebt, nicht spürt, WAS oder WER Sie sind, dann ist sowieso Hopfen und Malz verloren.)

Auf dem Weg zur Marke „ICH" dürfen Sie sich ruhig einmal folgende Fragen stellen. Schön, wenn Sie sie intuitiv und selbstsicher mit JA beantworten:

- Wenn ich Kellnerin oder Kellner wäre, würde ich mich dann gerne von mir selbst bedienen lassen?
- Halte ich mich selbst für einen guten Menschen?
- Bringe ich oft andere Menschen zum Lachen?

- Mache ich ab und zu Dinge, die „man" nicht tut?
- Kennen Menschen, mit denen ich öfters mal zu tun habe, meinen Namen auf Anhieb?
- Werde ich öfters beschenkt?
- Sogar von meinen eigenen Kunden?
- Werde ich bei der Arbeit so richtig leidenschaftlich?
- Wenn alle meine Kunden sich in einem Raum treffen würden, hätte ich dann ein ruhiges Gewissen?

Bitte nicht vergessen: ZUHÖREN!

Die Fähigkeit des Zuhörens ist in unserer Gesellschaft nicht sonderlich ausgeprägt. Kein Wunder, dass so mancher Verkäufer vergisst, seine Ohren auf Empfang zu stellen, wenn er bei seinem Kunden ist, denn vor lauter „Ich muss Umsatz machen" beschäftigt er sich mehr mit sich selbst als mit den Bedürfnissen seines Kunden.

Jemandem zuhören ist ein Zeichen der Wertschätzung und des Respekts. Ohne Zuhören können wir unser Gegenüber kaum verstehen. Zuhören ist vor allem jedoch clever. Die besten Verblüffungsideen kommen mir persönlich immer dann in den Sinn, wenn ich dem Kunden aktiv zuhöre.

Aktives Zuhören verhindert zudem falsches Verstehen. Aktives Zuhören bedeutet, seinem Gegenüber Signale des Verstehens zu geben: Gehörtes wiederholen, in offenen Fragen Wahrgenommenes wiedergeben, das sind Signale des aktiven Zuhörens. Körpersignale, wie Kopfnicken, eine offene Gesprächshaltung, unterstützen jene bewusst.

Es liegt allerdings in der Natur der Sache, dass Verkäufer eher gute Sprecher als gute Zuhörer sind. Genau deshalb liegt der Trick beim bewussten Zuhören.

Verkäufer sollten deshalb unmittelbar vor einem Gespräch folgenden Satz in ihrem Bewusstsein „verankern“:

„Ich bin ein guter Erzähler. Bei Herrn Kunze werde ich jetzt auch noch ein guter Zuhörer sein!“

Um zu überprüfen, ob es mit dem Zuhören geklappt hat, können sich lernfähige Verkäufer folgende Fragen stellen:

- Welche Namen hat mein Kunde im Gespräch erwähnt?
- Welche Zahlen, Beträge wurden im Gespräch genannt?
- Was erwartet mein Kunde als Nächstes von mir?
- Wirkte er gestresst?
- Wie gut geht es meinem Kunden auf einer Skala von 1 bis 10?

Kritische Fragen zur Kundenverblüffungsstrategie

Auf meine Verblüffungsstrategie angesprochen, werden mir oft folgende drei Fragen gestellt:

1. Frage,
gestellt von einem Hoteldirektor:

„Die Kunden erwarten immer mehr. Wenn ich meine Kunden verblüffe, dann erwarten diese beim nächsten Besuch schon wieder eine Verblüffung ..."

Die schlechte Nachricht vorweg: Innovation ist keine Eintagsfliege! Sie können es sich nicht leisten, eine Verblüffung zu landen und sich dann auf den Lorbeeren auszuruhen, denn die Lorbeeren von heute sind der Kompost von morgen!

Kunden einen außergewöhnlichen Service zu bieten ist nicht eine Dienstvorschrift, sondern eine kulturelle Sache. Sehen Sie die Erwartungen der Kunden also als Herausforderung und nicht als Drohgebärde.

2. Frage,
gestellt von einer Reisebüroangestellten:

„Ich hatte den Einfall, meinen Kunden, die bei uns eine Reise in den Süden buchen, vor deren Abreise eine Sonnencreme mit entsprechendem Schutzfaktor zuzusenden. Was aber, wenn der

Kunde die Verblüffung gar nicht möchte? Was, wenn er sie als unangenehm empfindet? Was, wenn er schon selber eine Sonnencreme besitzt?"

Jeder, der so fragt, macht zwei wesentliche Gedankenfehler:

- Es fehlt hier an Mut und Konsequenz, eine Idee umzusetzen. Wenn die Idee nicht umgesetzt wird, wird diese Mitarbeiterin nie erfahren, ob die Idee den Kunden verblüfft hat. Der Kunde wiederum wird sich nie bei der Mitarbeiterin für die sympathische Geste bedanken können, weil er wegen ihrer Mutlosigkeit und Inkonsequenz nie in den Genuss dieser Dienstleistung gekommen ist.
- Ob eine Verblüffung etwas taugt, erfahren Sie nicht, wenn Sie die Verblüffung nicht ausprobieren.

3. Frage, gestellt von einem Autoverkäufer:

„Ich finde die Verblüffungsidee zwar gut, habe jedoch schlichtweg die Zeit dazu nicht. Meine Tage sind so mit Terminen vollgepackt, dass es unmöglich ist, noch solche Verblüffungen zu inszenieren."

Diese Frage ist schlicht eine Ausrede. Nochmals: Die Frage, die jeder für sich selbst beantworten muss, lautet:

Was bringt die Verblüffung meinem Kunden?

Lesen Sie das Buch zu Ende und urteilen Sie dann!

...und als Anschlussfrage sei mir gestattet:

Was bringt sie mir selbst?

- Wenn ich Kunden etwas gebe, sie damit verblüffe, könnte es dann sein, dass auch mehr zu mir zurückkommt?
- Werde ich dann nicht auch mehr geschätzt?
- Mache ich mich damit nicht speziell und damit auch speziell erfolgreich?
- Könnte es vielleicht auch zu mehr Zufriedenheit im Job führen?

Sie werden es nicht herausfinden, wenn Sie es nicht versuchen. Und heute ist der perfekte Tag, damit zu beginnen. Glauben Sie mir, es gibt keinen besseren Tag als den heutigen. Jetzt oder nie!

Ihre Kunden werden es Ihnen nie vergessen ...

2. Teil

Joe Friedmanns unglaubliche Kundenerlebnisse

Fühlen Sie sich wie zu Hause

Fühlen Sie sich wie zu Hause, steht auf dem Hotelprospekt, den ich auf den Knien zwischen Palm und Aktentasche balancierend auf dem durchgesessenen Rücksitz meines Taxis überfliege. Wir sind alle Kosmopoliten. Reisen ist heute längst nicht für alle nur Luxus, sondern für Geschäftsleute schlicht Pflicht. Das Schöne am Reisen, so könnte man meinen, ist das Außergewöhnliche. Weshalb denken die, dass ich im Hotel alles so haben will wie zu Hause?

Eine beinahe lächelnde Rezeptionistin ohne Unterkörper begrüßt mich. Das Schild *Inge – Front Office Assistant* verrät mir zwar ihren Vornamen, doch mir fehlt der Mut, sie mit Inge anzusprechen. Während sie mir das Einschreibeformular elegant entgegenschiebt, fragt sie mich, ob ich das Hotel gut gefunden hätte. Was für eine Frage! *Fühlen Sie sich wie zu Hause* steht nun auch auf dem Schild beim Fahrstuhl. Ich für meinen Geschmack begrüße meine Gäste zu Hause weder hinter einer Theke stehend noch müssen sich meine Gäste einschreiben. So etwas Unpersönliches tut ein Gastgeber einfach nicht.

„Ich geh voran“, sagt Inge, als wir mit dem Fahrstuhl im dritten Stock angelangt sind. Als Vielreisender werde ich in acht von zehn Hotels von Rezeptionistinnen auf die immer gleiche stereotype Art aufs Zimmer begleitet und ich frage mich gerade, ob Inge wohl eine Ausnahme macht. Tut sie nicht. Auch sie zeigt mir, wo sich im Zimmer die Minibar befindet, schlimmer noch, wo das Bad ist. Sehe ich mit Aktenkoffer und Anzug etwa aus, als würde ich in dem 20-Quadratmeter-Zimmer Minibar und Bad nicht finden? Ich lasse die Tortur zum x-ten Male über mich ergehen. Damit nicht genug. Ich werde auch noch auf die Früchteschale und das Mineralwasser hingewiesen, die beide großzügigerweise im Zimmerpreis inbegriffen seien. „Ich wünsche Ihnen einen schönen Aufenthalt“, sagt Inge leicht gestresst, während der Ton ihres Piepsers gerade auf ein weiteres Check-in hindeutet.

Ich möchte vor dem Schlafen noch etwas schreiben und tue dies bequemerweise im Bett. Auf dem Weg dorthin begegne ich einem Schokoladenherz, das sich auf meinem Kissen präsentiert. Ärgerlich, denn gerade eben habe ich meine Zähne geputzt ...

Eigentlich sollte ich ja am Schreibtisch schreiben, aber der wurde vom Hotelteam als Ausstelltisch für Menükarten, Prospektmaterial aller Art, Flaschenöffner, Aschenbecher und Co. zweckentfremdet. Ein Blick in die Schublade verrät mir, dass auch die Bibel noch nie jemand in Händen hielt, außer jener Person, die sie dorthin gelegt hat. Ein Relikt aus längst vergangenen Tagen und heute lediglich ein erbärmliches Zeichen an Innovationsmangel der Gastgeber.

„Fühlen Sie sich wie zu Hause“, geht mir durch den Kopf, als meine Augen zufallen.

Was ist eigentlich los mit unserem Tourismus? Ist denn hier keiner mehr in der Lage, die Brille des Gastes aufzusetzen und das Wort „Kundenorientierung“ zum Leben zu erwecken? Innovation klingt gut, solange man sie nicht vorleben muss.

Verblüffend gut!

Ein Hotel in Sydney fragt seine Gäste beim Check-in: „Möchten Sie gerne einen Goldfisch auf Ihrem Zimmer?“ Die Gäste können sich an der Rezeption ihren Fisch aussuchen, der dann im Aquarium aufs Zimmer gebracht wird.

Im Hotel in Orlando/Florida ist der „Marsh of the Ducks“ zum Markenzeichen geworden. Zweimal täglich marschieren die Enten auf einem roten Teppich vom Hotelbrunnen durch die Empfangshalle und zurück. Die Ente hat seit Jahrzehnten historisch bedingt eine tragende Rolle und ist „heilig“. Von der Butter auf dem Tisch bis zur Seife im Zimmer: Alles Mögliche und Unmögliche präsentiert sich in Entenform. Verständlicherweise findet man auf der Speisekarte keine Ente.

In einem Hotel im Tessin wird der Gast nicht an der Theke eingecheckt, sondern in der Polstergruppe sitzend. Dabei offeriert die Rezeptionistin zuerst einmal ein Getränk und nimmt dann die notwendigen Formalitäten auf. Nicht der Gast trägt sich ein, sondern die Mitarbeiterin des Hotels übernimmt dies für ihn. So ergibt sich von Beginn an eine sympathische Beziehung.

In einem Hotel bei Zürich liegt anstatt der Hotelbibel ein Prosabüchlein mit dem viel versprechenden Titel: „Sind Sie gut im Bett?" auf. Die Lektüre ist so gefragt, dass Gäste nach Zusatzexemplaren verlangen.

Damit sich auch Ihr Hund wohl fühlt, hat sich ein Hotel in England etwas ganz Besonderes ausgedacht: Die vierbeinigen Gäste erhalten bei ihrer Ankunft ein Geschenk, das unter anderem aus einem quietschenden Spielzeug und Hundekuchen besteht. Außerdem stehen für den kleinen Gefährten eine Schüssel mit seinem Namen, ein Weidekörbchen mit Knochentasche und ein metallenes Namensschild mit dem Hotel-Logo bereit. Eine Umgebungskarte schlägt Strecken für Spaziergänge vor. Es versteht sich von selbst, dass die vierbeinigen Gäste von den Hotelangestellten mit ihrem Namen angesprochen werden.

Keinen Tageslichtprojektor, bitte

Da ich recht häufig Seminare besuche und auch durchführe, kenne ich viele Seminarhotels auf der ganzen Welt. Die meisten Hotels schenken sich den Titel „Seminarhotel" doch etwas sehr leichtfertig, wie diese Geschichte belegt.

Es ist abends um 23.00 Uhr in Zürich und ich biege mit meinem Auto in die Einfahrt jenes Hotels ein, in dem ich während der nächsten zwei Tage ein Seminar leiten werde. „Sie können hier das Auto nicht stehen lassen", spricht mich der pflichtbewusste Portier zur Begrüßung an. „Auch Ihnen einen wunderschönen guten Abend", erwidere ich in der Hoffnung, er würde seine eigene Unhöflichkeit bemerken. Leider nicht ...

Nach langem Hin und Her stehe ich an der Rezeption, wo ich den Hotelprospekt anschaue, weil die Rezeptionistin noch am Telefonieren ist. *Alle unsere modern eingerichteten Zimmer verfügen über TV/Radio, Dusche/Bad sowie Direktwahltelefon.* Nicht zu fassen! Ich muss mich wohl verlesen haben. DIREKTWAHLTELEFON! Im Zeitalter, in dem pro Jahr zwei Handygenerationen auf den Markt kommen und jeder Mensch in der Geschäftswelt so ein Ding bei sich trägt, wirbt dieses Hotel mit Direktwahltelefon. Willkommen im 21sten Jahrhundert, kann man da nur noch staunend sagen.

„Können Sie sich bitte noch einschreiben?“, fordert mich die Rezeptionistin auf. „Muss ich diesen Zettel nun wirklich nochmals ausfüllen?“, frage ich leicht genervt. „Immerhin bin ich nicht zum ersten Mal zu Gast bei Ihnen und zudem erhalten Sie ja ohnehin alle Angaben von mir im Vorfeld gemailt. Nichts, was ich hier ausfüllen soll, das Sie nicht schon wissen.“ „Es tut mir leid, aber es ist Vorschrift“, erwidert meine spätabendliche Kontrahentin. Während ich bei Beruf „Geheimagent“ und bei Straße „Highway to Hell“ ausfülle, schwöre ich mir, hier zum letzten Mal ein Seminar durchzuführen.

Ich reise bei allen Seminaren, die ich leite, in der Regel am Vorabend an, und das mit gutem Grund! Ich frage die Rezeptionistin noch, ob ich das Moderationsmaterial schon in den Raum stellen darf. „Jetzt noch?“, fragt sie vorwurfsvoll. „Ja, jetzt noch“, erwidere ich freundlich, aber bestimmt.

Nachdem mir der Portier den Raum aufgeschlossen hat, beginnt der Ärger: Der Raum ist nicht wie abgemacht eingerichtet. Statt U-Form für 12 Personen ist ein Blocktisch für 16 Personen gedeckt. Und dann ist da noch die Sache mit dem Tageslichtprojektor. Da ich in keinem Seminar je einen Tageslichtprojektor benötige, informiert meine Assistentin das Hotel immer schriftlich wie mündlich darüber, dass KEIN TAGESLICHTPROJEKTOR benötigt wird. Jetzt halten Sie sich fest: In 60% aller Fälle steht dann trotzdem einer im Raum. Ich weiß es deshalb so genau, weil ich dies schon seit Jahren bemängeln muss.

Da die verantwortliche Person im Hotel „erst morgen gegen 8.00 Uhr" wieder arbeitet, heißt das für mich als Kunde: Ärmel hochkrempeln, Tageslichtprojektor ausstecken und auf die Seite fahren, die dafür vorgesehene Leinwand ebenfalls zusammenlegen, aus einem Blocktisch eine U-Form stellen – und dann, ja erst dann kann ich mein Moderationsmaterial herrichten.

„Guten Morgen Herr Friedmann, na, alles in Ordnung?", strahlt mich die junge Seminarorganisatorin des Hotels an. Ich schaue auf die Uhr. Es ist fünf vor acht. Um halb neun beginnt mein Seminar. Das heißt also, dass jederzeit die ersten Teilnehmer eintreffen können.

Ich erzähle der Seminarorganisatorin von meiner gestrigen Nachtschicht. Natürlich tut es ihr leid. Natürlich steht auf ihrer Bestätigung, die sie auf ihrem Klemmbrett hat: KEIN TAGESLICHTPROJEKTOR und U-Form für 12 Personen. Leider spielt das Hotelteam wie vielerorts Tennis (sich gegenseitig den Schuld-Ball zuspielen) anstatt Fußball (gemeinsam den Ball ins Tor schießen).

„Möchten Sie einen Kaffee?", fragt mich die junge Frau entschuldigend und motiviert gleichzeitig. Ich winke dankend ab, denn meine erste Teilnehmerin kommt bereits den Gang entlanggelaufen. „Einen Wunsch habe ich aber in der Tat noch", flüstere ich der Hotelmitarbeiterin zu. „Ja?", schaut sie mich fragend an. „Einen Abfalleimer."

Der fehlt nämlich so oft im Raum wie der Tageslichtprojektor fälschlicherweise drin steht.

Verblüffend gut!

Ein auf Tagungen und Veranstaltungen spezialisiertes Hotel stellt seinen Kunden auf der Homepage einen interaktiven Raumplaner zur Verfügung. Auf der Website abrufbar, kann der Anbieter seine Veranstaltung in Ruhe zu Hause am Bildschirm planen. Die Bedienung ist einfach und funktional.

In einem Seminarhotel, einem, das diese Bezeichnung verdient, habe ich Folgendes erlebt:

Bei der ersten Seminarabsprache wurde ich genau befragt, was für ein Seminar ich durchführe, wer die Teilnehmer sind etc. Danach wurden meine Wünsche betreffend Raumausstattung, Beschriftung etc. aufgenommen. Bereits am nächsten Tag lag in meiner Mailbox ein Digitalfoto von „meinem" Seminarraum, inklusive der bestellten Infrastruktur und Beschriftung. „Lieber Herr Joe Friedmann, entspricht dieses Set-up Ihren Vorstellungen?", war der Titel des E-Mails. Ich erteilte mein O.K. und am nächsten Tag lag die Bestätigung in der Post. Am Seminartag selber traf ich den Raum dann genau so an wie auf dem Foto.

In einem anderen Hotel geht die Seminarleiterbetreuung so weit, dass am Seminarende, also nachdem der Seminarleiter seine Teilnehmer verabschiedet hat, jemand vom Hotel kommt und fragt: „Na, war Ihr Seminar ein Erfolg? Ich möchte Ihnen gerne ein Getränk offerieren, bevor jemand kommt und Ihnen beim Aufräumen und Packen hilft."

Reichhaltig ist nicht ausgewogen

Das vorangegangene Erlebnis habe ich aus der Sichtweise des Seminarleiters geschildert. Aber auch als Seminarteilnehmer erlebt man in Hotels Erstaunliches ...

Ich bin Teilnehmer eines einwöchigen Management-Seminars mit dem Titel „Führen durch emotionale Kompetenz“. Es ist 8.30 Uhr in Bayern und ich betrete das Seminarhotel, in dem um 9.00 Uhr das Seminar beginnt. An der Rezeption gebe ich mich als Teilnehmer zu erkennen. „Ihr Zimmer ist noch nicht frei“, entgegnet mir die Rezeptionistin, ohne dass ich danach gefragt habe. „Eigentlich möchte ich nur wissen, in welchem Raum das Seminar stattfindet.“

„Lassen Sie mich schnell nachschauen“, sagt die in Hotel-Logo-Farben gekleidete Mitarbeiterin und bearbeitet mit lautem Hämmern die Tastatur ihres PCs. Derweilen blicke ich mich in der Lobby um und sehe auf einmal eine Beschriftungstafel, auf der alle Anlässe des heutigen Tages sauber aufgeführt sind. An zweitunterster Stelle steht geschrieben:

Seminar: Führen durch emotionale Kompetenz und darunter *Franz Josef Saal.*

„Im Franz Josef Saal“, höre ich die Rezeptionistin sagen, die nun jene Information gefunden hat, die keine 10 Meter von ihrem Arbeitsplatz entfernt gut sichtbar auf der Tafel steht.

Das Seminar hat begonnen und ich blicke auf den Schreibblock vor mir auf dem Tisch, auf dem in schwungvoller Schrift steht:

Wir (damit ist das Hotel gemeint) *empfehlen uns für Seminaranlässe aller Art.*

Eigentlich, so denke ich, müssten ja die Kunden das Hotel empfehlen und nicht das Hotel sich selbst, aber das ist eine andere Geschichte. Um 10.30 Uhr nimmt das Drama „Kaffeepause", Teil 1 von 10, seinen Lauf.

In einem dunklen Gang, schlecht gelüftet, steht um 10.30 Uhr auf einem kleinen Wagen folgendes Angebot für uns bereit:

- eine Thermoskanne mit Kaffee
- eine Thermoskanne mit Wasser für Tee
- Orangensaft
- Mineralwasser
- Teebeutel
- Croissants
- Milch, Zucker und Süßstoff

Das Angebot, das uns nachmittags um 16.00 Uhr erwartet, unterscheidet sich nur dadurch, dass anstelle der Croissants English Cake offeriert wird.

Wenn ich dies als Drama bezeichne, dann deshalb, weil wir in dieser Woche zehnmal eine Kaffeepause mit demselben Angebot am selben Ort halten mussten. Das Hotel ist so schön gelegen und den gestressten Mitarbeitern kommt nicht in den Sinn, bei gutem Wetter einmal eine Kaffeepause draußen durchzuführen, einmal in einer Suite (was zugleich Werbung fürs eigene Haus wäre), einmal in der Hotelküche, einmal ein Power Break mit diversen Fruchtsäften, einmal eine Teedegustation und, und, und ... Man muss kein Kreativgenie sein, um auf weitere 10 gute Ideen zu kommen. Was man jedoch braucht, ist Kundenorientierung. Tatsache ist, dass der verantwortliche Seminarmanager seit Jahren selber kein Seminar mehr besucht und deswegen auch keine Ahnung hat, welches denn eigentlich die Bedürfnisse seiner Seminarkunden sind.

Das Gleiche gilt für den Küchenchef, der uns zum Mittagessen dreigängige Menüs mit Knödeln serviert, sodass wir nachmittags im Seminarraum fast zusammenbrechen. Wie sehr schätzen doch Seminarteilnehmer Lunch-Buffets, an denen man sich individuell bedienen kann.

Am nächsten Morgen haben die Teilnehmer noch immer leichte Schlagseite von dem Knödelangriff des Küchenchefs, als wir uns beim Frühstücksbuffet treffen, über dem ganz dominant eine holzgeschnitzte Tafel hängt mit der Aufschrift:

Guten Morgen, lieber Gast!

Genießen Sie unser reichhaltiges Frühstücksbuffet.

Wir schauen uns an und wünschen insgeheim, dass dort anstelle von reichhaltig ausgewogen stünde.

Verblüffend gut!

In einem Landgasthof erlebte ich in der Kaffeepause, dass ein Lehrling exotische und heimische Früchte filetierte. Diese toll inszenierte Vitaminspritze hat zweierlei Vorteile: Es ist zum einen ein Training für den Auszubildenden und garantiert zum anderen eine animierte Kaffeepause.

Ein anderes Hotel wiederum hat sich effektiv auf Kaffeepausen spezialisiert. Das Hotelteam achtet darauf, dass den Seminarteilnehmern immer ein anderes Angebot an einem anderen Ort serviert wird. Und so passiert es dort schon einmal, dass Manager im Schneidersitz im Kinderclub sitzen, Lego spielen und Kuchen essen ...

Gruß aus der Küche

„Name?" „Friedmann. Ich habe vor zwei Wochen bereits gebucht", erwiderte ich dem als Officer & Gentleman verkleideten Oberkellner. Er drückt die Miene seines billigen Plastikkugelschreibers auf und ab, während er in seinem dicken, mit unleserlicher Schrift vollgeschriebenen Reservierungsbuch nach meinem Namen sucht. „Herzlich willkommen" oder „Guten Abend miteinander" wäre eher eine Begrüßung gewesen, wie ich sie mir vorgestellt hätte. Schließlich ist der heutige Abend nicht irgendein Abend für mich, denn ich führe die Frau meiner Träume aus. So wie es aber den Anschein macht, nicht ins Land der Träume ...

Nachdem die anwesenden Gäste genügend Zeit hatten, uns mit ihren Blicken zu mustern, konnte der „Oberkellner" wohl seine eigene Handschrift wiedererkennen und führte uns zum Tisch, wo er uns sogleich zwei dicke Speisekarten in die Hand drückte. „Die Weinkarte", fügte er hinzu und legte die fünfzigseitige Bibel auf meine Seite des Tisches.

Gerade als ich eine Konversation mit meiner Begleitung starten wollte, kam ein junger, unsicher wirkender Mann an den Tisch und fragte „Brot?". Nachdem wir uns beide für je eine der dreizehn verschiedenen Brotsorten entschieden hatten, wollte ich das Gespräch wieder aufnehmen, doch fiel mir partout nicht mehr ein, was ich meine Freundin soeben fragen wollte. Gerade als ich ein Thema anschnitt, stand erneut der Officer & Gentleman vor uns. Mit auf seinen Notizblock gesenktem Blick, irgendetwas kritzelnd (wahrscheinlich unsere Tischnummer), „schaute" er uns über seinen Brillenrand hinweg an, das heißt, eigentlich zog er lediglich die Augenbrauen hoch, und fragte: „Möchten Sie bestellen?" Natürlich waren wir weder so weit zu bestellen noch bereit, uns so richtig wohl zu fühlen. Irgendwie passierte hier eine Stressübertragung der besonderen Art. Man umschwärmte uns mit immer neuen Annäherungsversuchen: „Mineral?", „Butter?", „Konnten Sie schon bestellen?" Ein Gespräch unter vier Augen schien nicht möglich.

„Wieso flüsterst du eigentlich die ganze Zeit?" „Ich weiß es nicht", flüsterte ich zurück. Hingegen wusste ich, was in den nächsten Minuten passieren würde. Ich war mir ganz sicher, dass ein Kellner mit zwei Appetithäppchen-Tellern, die wir nicht bestellt hatten, an unseren Tisch kommen und den folgenden Spruch runterleiern würde: „Sooo, da hätten wir noch einen Gruß aus der Küche ...!" Mit meinen Kollegen schließe ich jeweils in solchen Restaurants eine Wette ab, dass genau dies passiert, und glauben Sie mir, ich gewinne immer! Irgendjemand muss diesen Spruch einmal erfunden haben, und da ja die Gastronomen allesamt so innovativ sind, hat man ihn gleich landesweit kopiert.

„Wie hätten Sie Ihre Tournedos denn gerne gebraten?“, wurde ich mit größter Selbstverständlichkeit gefragt, als ich den Hauptgang bestellte. Doch ob ich Lammcarpaccio auf Senfsprossen mag, das nämlich, was mir die „mich grüßenden Menschen aus der Küche“ als Appetithäppchen schickten, das fragte mich niemand. Ich blickte mich im Restaurant um und sah eine bunte Mischung an Gästen – Geschäftsleute, Familien und Pärchen –, doch alle wurden sie haargenau gleich betreut, obwohl mir schien, dass die Bedürfnisse unterschiedlicher nicht hätten sein können.

Als mich der Kellner zum dritten Mal bei meinem Liebesschwur an meine große Liebe unterbrach, bestellte ich entnervt die Rechnung, deren Begleichung länger dauerte als das Essen selbst.

Anschließend stiegen wir ins Auto, legten die der Rechnung beigelegten Mentholbonbons in den Aschenbecher und fuhren nach Hause. Dort klimperte niemand zum zweiten Mal „New York, New York“ und keiner fragte im falschen Moment „Dessert?“ Ein sanftes Ding-dong ließ mich wissen, dass die gefrorenen Himbeeren inzwischen in der Mikrowelle aufgetaut waren. Zu zweit standen wir nun, genüsslich Vanilleeis und warme Himbeeren schlürfend, in der Küche. Nun fiel mir auch wieder ein, was ich meine große Liebe vor drei Stunden fragen wollte.

Verblüffend gut!

In einem Zürcher Restaurant wird bereits bei der Reservierung gefragt: „Wie viel Zeit haben Sie für Ihr Mittagessen eingeplant?" Der Kellner garantiert dann, dass man pünktlich die Rechnung erhält und nicht noch 20 Minuten warten muss. Das hilft vor allem Geschäftsleuten, da sie ihre Zeit genau einplanen können.

In einer amerikanischen Restaurantkette kann man auf dem Tisch ein Zeichen setzen, wenn man den nächsten Gang serviert haben möchte oder wenn man die Rechnung möchte.

Ein Restaurant bestätigt Tischreservierungen via SMS: „Schön, dass Sie heute Abend unser Gast sind. Wir haben für Sie um 20.00 Uhr einen schönen Tisch für 4 Personen reserviert."

„Ein Tisch für zwei Personen zum Frühstück, bitte", lautete mein Wunsch bei einem Hotel-Check-in. Als uns der Kellner am anderen Tag an den Tisch führte, fanden wir ein Kärtchen, auf dem stand: „Dieser Tisch durfte vorbereitet werden für Joe Friedmann und Ralph Hubacher, zwei Herren, die wissen, dass ein erfolgreicher Tag mit einem guten Gipfel-Frühstück beginnt."

In Amerika lernte ich einen Kellner der besonderen Art kennen. Dieser hat nämlich entdeckt, dass bei vielen Gästen, die den Mantel abgeben, die Schlaufe zum Aufhängen gerissen ist. Wann immer er Zeit findet, näht er diese mit dem passenden Faden an. Nicht alle merken es, doch jene Gäste, die es bemerken, erzählen es weiter. Was für eine tolle Leistung!

Nicht schlecht staunte ich, als ich in einem Bergrestaurant auf der Terrasse Platz nahm und auf jedem Tisch ein Fernglas entdeckte. Der Restaurantleiter trat an den Tisch und sagte: „Schweifen Sie ruhig mal in die Ferne und beobachten Sie die Gegend. Auf Ihrem Tischset finden Sie die ganze Region abgebildet und können sich so gut orientieren."

Ein Restaurant in Honolulu mit überwiegend Businesskunden hat spezielle weiße Papiertischtücher, auf denen die Gäste ihre Gesprächsnotizen anbringen und diese anschließend mit ins Büro nehmen können. Diese Idee eignet sich auch für Familienrestaurants ...

Ein Restaurant in Köln bietet seinen überwiegend berufstätigen Gästen eine Zeitgarantie: Wenn das bestellte Mittagsmenü nicht innerhalb von 15 Minuten auf dem Tisch ist, speist der Gast auf Kosten des Hauses.

Nicht: „Guten Tag, schön, dass ich Sie fahren darf!“, auch nicht: „Guten Tag, wo möchten Sie gerne hin?“ Wann immer ich ein Taxi benötige, sehe ich zuerst einen gelangweilten, total demotivierten Blick. Dann komme ich mir als Kunde immer vor, als würde ich den Taxifahrer beim Zeitunglesen stören. Wenn mich ein „Von-unten-herauf-Blick“ fragend anschaut, darf ich dann meinen Wunsch äußern. „Sorry, ich habe Sie mit einem Taxi verwechselt“, wäre oft die schlagfertigste Antwort auf so ungehobeltes Benehmen. Auf die Frage „Wohin?“ folgt mein Wunsch, doch dieser wird fast nie mit einem „Gerne!“ beantwortet, sondern fast immer mit ... ja, wie soll ich sagen ... NICHTS!! Ich bin mir dann nie sicher, ob der Fahrer mich auch wirklich verstanden hat oder einfach aus purem Instinkt aufs Gaspedal drückt. Vielleicht, denke ich, hat er jetzt Schichtwechsel und fährt nach Hause, ohne zu realisieren, dass er mich als Fahrgast im Auto hat.

Als Unternehmer habe ich mich oft gefragt, wo denn hier die Mitarbeiterführung bleibt. Welcher Taxiunternehmer dieser Welt kümmert sich schon um das Auftreten und oder um die Körperhygiene seiner Fahrer? Mir ist sowieso ein Rätsel, nach welchen Kriterien ein Taxifahrer rekrutiert wird, und meine Frage ist angesichts der Verantwortung, die ein Taxifahrer hat, mehr als berechtigt.

Wenn irgendwo Manieren verloren gingen, dann doch in diesem Gewerbe. Kein Fahrer fragt mich, ob mir die Musik gefällt, die gerade läuft. Ich bin ja nicht der Fahrgast, sondern lediglich der Störgast. Mich hat es auch nicht zu stören, wenn ich in ein mit Rauchschwaden vernebeltes Taxi einsteigen muss. Sie sehen, mein Frust steckt tief, und hätte ich nicht vereinzelt schon hervorragende Taxierlebnisse gehabt, ich würde die ganze Zunft dorthin verdammen, wo der Pfeffer wächst.

Besonders fatal finde ich dieses Benehmen in touristischen Ballungszentren. Dort entdeckt man an Bahnhöfen große Schilder mit *Herzlich willkommen in ...* und wenn man den Kopf um 180° dreht, sieht man Touristen, die, von unhöflichen Taxifahrern beobachtet, ihr schweres Gepäck selber im Kofferraum verstauen. Auch sehen die meisten Taxis bei uns in Europa so bieder aus. In New York und London lassen sich Touristen mit den Cabs ablichten und schildern eine Taxifahrt als Erlebnis. Natürlich ist mir bewusst, dass dies auch ein wenig mit dem Umstand zu tun hat, dass man in Ferienstimmung ist und dass das Fremde sowieso mehr reizt. Trotzdem: Taxi fährt man hierzulande nicht, weil man will, sondern weil man muss. Die meisten Taxifahrer tragen viel dazu bei, dass das auch so bleibt.

Verblüffend gut!

Eine Frau in Frankfurt erteilte mir sehr sympathisch und bereitwillig Auskünfte über das für mein Budget beste Hotel. Da der Akku meines Handys leer war, organisierte sie via Zentrale die Hotelnummer und lieh mir ihr privates Handy für den Anruf.

Ein etwas älterer Taxifahrer in Düsseldorf begrüßte mich, als wären wir alte Bekannte, hielt mir die Türe auf, fragte mich nach meiner Destination, überließ mir ungefragt seine Zeitung und verabschiedete sich von mir mit meinem Namen. Da er mir seine Visitenkarte überreichte, buchte ich die Rückfahrt selbstverständlich wieder beim gleichen Taxiunternehmen.

Einmal durfte ich in Chicago auf dem Weg zum Flughafen noch bei einem Kunden vorbeischauen. Ich bat den Fahrer, einige Minuten auf mich zu warten. Während dieser Zeit muss er meine billigen Plastik-Gepäckbeschriftungen ausgewechselt haben. Bemerkt habe ich dies allerdings erst, als ich meine Koffer bei der Gepäckausgabe in Zürich in Empfang nahm.

Ganz anders als bei uns begrüßen japanische Taxifahrer ihre Fahrgäste mit einem freundlichen Lächeln. Tipptopp saubere Autos, weiße Handschuhe und das Namensschild signalisieren ihre positive Einstellung zum Beruf. Freundlich wird der Gast nach seinen Musikwünschen gefragt und mit Prospekten, Kino- und Restaurantipps versorgt. Mit fertig frankierten Lob-Kritik-Karten, abgestempelt mit Namen des Fahrers und der Taxinummer, kann der Fahrgast die Qualität der erhaltenen Leistung beurteilen. Na also, geht doch!

Kaffee, Tee, Mineral, Cola, Sandwich

„Kaffee, Tee, Mineral, Cola, Sandwich!" Wenn ich diese Worte im Zug höre, beginne ich instinktiv tief einzuatmen, denn so zuverlässig wie die Abfahrts- und Ankunftszeiten der Bahn riecht „er" nach Schweiß. In weiser Voraussicht halte ich dann so lange den Atem an, bis er vorbei ist. Er, das ist der Kellner. Er stellt mich stets vor dieselbe Alternative. Ich darf wählen zwischen einem intensiven Lungentraining (mein Luftanhalte-Rekord steht bei 51 Sekunden) und dem Härtetraining meines Riechorgans.

„Ein Schinkensandwich, bitte!" Abrupt breche ich mein Lungentraining ab, denn mein Hunger ist stärker als mein Verlangen nach reiner Luft. „Sinkensandwis issa aus", erwidert der Kellner mit eiserner Miene, während er sich lässig mit der linken Hand an meiner oberen Gepäckablage festhält und mich so definitiv ins Land der unbegrenzten Düfte entführt.

„Was ...", frage ich zögerlich und ohne unnötig einzuatmen, „haben Sie denn sonst noch anzubieten?" „Kaffee, Tee, Mineral, Cola, Sandwich!", erwidert er wie aus der Pistole geschossen und blickt dabei desinteressiert aus dem Fenster. Um nicht noch mehr böse Blicke der übrigen Fahrgäste auf mich zu ziehen, erhebe ich mich, packe irgendein Sandwich und gebe ihm 4 Euro.

Das Sandwich ist eiskalt und ausgetrocknet und schmeckt nach kalt und ausgetrocknet. Dabei wäre die Formel doch so einfach:

QUALITÄT+FREUNDLICHKEIT=ERFOLG.

Nicht alle Zugkellner besitzen Deodorant- und Verkaufskenntnisse. Auch werden sie nicht geschult, zumindest nicht in puncto Auftrittskompetenz.

Meine Blase drückt und obwohl ich dringend mal müsste, schaue ich auf die Uhr und rechne aus, ob ich es vielleicht noch bis zur Endstation schaffe, ohne die Toilette im Zug aufsuchen zu müssen, denn nichts ist mir unangenehmer als das. Von der Farbgestaltung bis zur WC-Schüssel ist in Zügen alles auf „schmuddelig" konzipiert. Die Chance, ein sauberes WC anzutreffen, ist gleich null, dabei hätte der Erbauer nur das Praktische mit dem Ästhetischen verbinden müssen. Und natürlich müsste die Toilette regelmäßiger gereinigt werden. Die Toiletten sind die Visitenkarte eines Unternehmens, sagt man. Nun, ich gehe davon aus, dass bei den Bahnen wohl die Visitenkarten ausgegangen sind ...

„Alle Fahrkarten vorweisen, bitte!", ruft der Kontrolleur, der mich an meinen Offizier im Militärdienst erinnert. Mit allerlei Utensilien behangen, läuft er breitbeinig und die Neigungen des Zuges ausbalancierend durch den Gang. Ein Soul-Manager wäre mir hier lieber als ein Korporal.

„Zürich – Endstation! Die Fahrgäste werden gebeten, den Zug zu verlassen. Für die Anschlusszüge beachten Sie bitte die Hinweistafeln." Danke für den Tipp, es wäre mir nicht in den Sinn gekommen auszusteigen, so wohl wie ich mich gefühlt habe.

Jetzt erst einmal ab auf die Toilette!

Verblüffend gut!

Ein Zugkellner aus Afrika ging mit seinem Wagen gut gelaunt durchs Zugabteil und begrüßte jeden Fahrgast sehr herzlich. Einem Fahrgast, der sein selbst mitgebrachtes Sandwich aß, gab er eine Serviette und wünschte ihm eine schöne Fahrt. Als er ins nächste Abteil weiterging, äußerten sich die Fahrgäste alle sehr positiv über diesen jungen Mann. Als er 30 Minuten später nochmals vorbeikam, kaufte fast jeder Fahrgast eine Kleinigkeit bei ihm. Freundlichkeit macht sich eben bezahlt!

In Indonesien hatte schon vor zehn Jahren das 1.-Klasse-Zugabteil einen Fernseher.

In Südafrika verteilt der Schaffner Tageszeitungen an die Fahrgäste, analog den Fluggesellschaften. Dies halte ich für viel sinnvoller, als eigene Bahnmagazine zu drucken, die nur von einer Minderheit gelesen werden.

Eine Frau aus Zürich hat mit ihrem „Kaffee-Blitz" eine Marktnische entdeckt. Sie bietet jeden Morgen auf dem S-Bahnnetz aus einem maßgefertigten Kanister, den sie auf dem Rücken trägt, den Fahrgästen selbst gekochten Kaffee an.

35.000 Euro – und keiner will sie

Es ist Sonntag und ich tue, was ich sonntags immer tue – Zeitunglesen. Eigentlich finde ich, wie viele Leser, Werbung wenig ansprechend und deshalb bleiben meine Augen auch selten an einem Inserat hängen. Doch diesmal ist alles anders und schuld ist meine Freundin. „Wir brauchen ein größeres Auto, eines, bei dem man nicht immer den Kinderwagen in alle Einzelteile zerlegen muss." „Klingt nach Van", antworte ich und sträube mich innerlich, denn ich habe noch nie einen Van gesehen, der mir gefiel. Just in dem Moment, als meine Freundin sich wiederholt, sticht mir in meiner Sonntagslektüre ein ästhetischer Van entgegen. Ganzseitig und mit einer großen 1-800er-Nummer mit dem Zusatz: *Rufen Sie noch heute an und reservieren Sie „ihn" für eine Probefahrt.* Mit „ihn" ist „es" gemeint, das Auto. Instinktiv reiße ich das Inserat aus der Zeitung, um morgen vom Büro aus anzurufen.

„Willkommen bei AutoVan, mein Name ist Cerutti, was kann ich für Sie tun?"

„Guten Tag, ich habe das Inserat gelesen und möchte gerne mehr über den neuen VanXL erfahren."

„Was möchten Sie denn wissen?"

„Was kostet er, wann ist er lieferbar und wo befindet sich der nächste Händler in meiner Umgebung?"

„Einen Moment, bitte ..." (Momente dauern ja meist Ewigkeiten, in meinem Fall satte 3 Minuten.)

„Äh, hören Sie, Sie sind hier mit dem Call-Center in Italien verbunden und ich kann Ihnen nur sagen, dass die so ab 20.000 Euro erhältlich sind, weitere Informationen kann ich Ihnen leider nicht geben ..."

„Können Sie mir wenigstens einen Prospekt schicken?"

„Aus Italien?" ...

Dem elektronischen Telefonbuch meines PCs entnehme ich drei Nummern von AutoVan-Händlern aus meiner Umgebung. Alle drei rufe ich an und bitte um die Zusendung von Prospektmaterial beziehungsweise Detailinformationen und äußere die Absicht, den Van bei ihnen zu kaufen. Zwei haben nie etwas zugesandt, geschweige denn zurückgerufen.

„Schatz, haben wir Rezession oder Hochkonjunktur?" „Wieso fragst du?" „Ach, nur so ..."

Vom einen Händler finde ich wie angekündigt drei Tage später den Prospekt im Briefkasten. Wow, denke ich beim Durchblättern der Broschüre. Eines muss man den Italienern lassen: Sie verstehen es, Emotionen zu wecken, vor allem bei

Autos. Auf der letzten Seite angelangt, lese ich folgenden Text:

Die grüne Nummer – Mit einem einzigen Anruf eine Vielzahl an Services. Gleich anschließend an diesen Satz stand die Call-Center-Nummer, bei der ich es vor Tagen versucht habe. Exakt dieselbe Nummer wie im Inserat. Na ja, kann ja mal passieren, denke ich.

Dann steht da in fetten Buchstaben, dass man den besagten VanXL erst einmal Probe fahren soll, bevor man ihn kauft. *„Auf Wunsch bringen wir Ihnen den VanXL zu Ihnen nach Hause, wenn Sie nicht weiter als 50 Kilometer entfernt von Ihrem Vertragshändler wohnen. Nach Vereinbarung können Sie den VanXL sogar ein ganzes Wochenende Probe fahren.*

Wow, denke ich und rufe den Händler an, voller Freude auf die Probefahrt.

„Äh, ich bin nur ein B-Händler und habe gar keinen VanXL (obwohl im Inserat stand, dass er *bei Ihrem AutoVan-Händler ab sofort verfügbar* ist), ich kann Ihnen aber die Nummer eines A-Händlers geben, der hat einen, das weiß ich ...“, sagt mir der Händler am Telefon. Nun gut, A oder B, was weiß ich, ich möchte ja nur das Auto endlich einmal sehen.

Als ich schließlich den A-Händler am Telefon habe, sagt mir dieser in rauem Ton: „Weshalb soll ich Ihnen einen VanXL zur Probefahrt übers Weekend überlassen, ich bin doch nicht blöde!“ Liebe Leser, wenn Sie diese Geschichte zu Ende lesen, werden Sie erfahren, dass er es doch ist.

„Weil es im offiziellen Prospekt auf der letzten Seite steht ...“, sage ich und frage zur Sicherheit gleich nach: „Sie sind doch ein autorisierter Auto-Van-Händler, oder?“

„Ob es im Prospekt steht oder nicht, interessiert mich nicht. Diejenigen, die die Prospekte schreiben, haben garantiert kein Autohaus und wissen sowieso nicht, wie das Geschäft an der Front läuft und mit welchen Problemen wir Händler zu kämpfen haben.“

„Das heißt, Sie wollen mir gar keinen VanXL verkaufen?“

„Schauen Sie, Sie können gerne zu uns kommen und sich den VanXL im Ausstellungsraum anschauen. Wenn er Ihnen gefällt, dann kaufen Sie ihn, wenn nicht, dann nicht, so einfach ist das. Diejenigen, die andauernd nach Probefahrten schreien, kaufen dann doch nie was, das ist meine Erfahrung.“

„Wie viel kostet er denn?“, frage ich in der Angst, dass er gleich den Hörer auf die Gabel knallt.

„Je nach Ausstattung so um die 35.000 Euro.“ Wen überrascht es, dass die einzige Auskunft, die ich im Call Center erhalten hatte, noch nicht einmal stimmte?!

Das lasse ich mir doch nicht bieten, denke ich nach dem Gespräch und rufe den für AutoVan länderverantwortlichen Marketingmanager an.

„Wir wissen, dass wir große Probleme haben, und wie Ihnen ja vielleicht bekannt ist, kämpft AutoVan schon seit Längerem mit einem schlechten Image." Das war seine Antwort.

„Sie haben mich als potenziellen Kunden nun vollends überzeugt", war die meine!

Verblüffend gut!

Dass es auch anders geht, bewies ein Autoverkäufer in Österreich. Als ich mich für ein Familienauto in seinem Ausstellungsraum interessierte, drückte er mir nach einer kurzen und sympathischen Bedürfnisabklärung die Autoschlüssel in die Hand und sagte: „Ob ein Auto was taugt, das erfahren Sie nur, wenn Sie es fahren." Ich vereinbarte mit ihm, dass ich das Auto in einer Stunde wieder zurückbringe. Als ich zurückkam, stand mein alter Wagen frisch gewaschen auf dem Parkplatz. „Passt schon", war seine Antwort.

Ein guter Bekannter fuhr mit seinem Sportwagen in den Kurzurlaub, als er bereits nach 80 Kilometern merkte, dass mit seinem Fahrzeug etwas nicht stimmte. Er suchte ein Hotel auf und benachrichtigte die Generalvertretung und schilderte dem zuständigen Mechaniker sein Problem. Dieser nahm artig die Adresse und Fahrzeugnummer auf, bat den Kunden, seinen Autoschlüssel an der Rezeption zu hinterlassen und sagte am Schluss des Gesprächs: „Ich denke, Sie müssen sich täuschen. Unsere Autos haben nie Defekte."

Als der Kunde am nächsten Morgen noch nichts von der Autowerkstatt gehört hatte, rief er verärgert wieder an und beschwerte sich. Da antwortete ihm der Mechaniker: „Es ist, wie ich Ihnen gestern sagte: Ein Sportwagen von uns kennt dieses Problem nicht!" Als der Kunde in der Garage nachschaute, fand er seinen Sportwagen sauber poliert vor und der Defekt war behoben. Vom Hoteldirektor vernahm er, dass über Nacht zwei Mechaniker über 100 Kilometer gefahren waren, um das Auto zu reparieren.

Ein anderer Autohändler macht von jedem stolzen Autokäufer ein Foto mit der Digitalkamera. Nachdem er seinem Kunden das Fahrzeug erklärt und übergeben hat, händigt er ihm noch das Foto aus, das zwischenzeitlich eingerahmt wurde.

Ein Kollege erzählte mir kürzlich, dass er ein Fahrzeug gekauft habe und drei Stunden später eine SMS erhielt mit folgendem Wortlaut: „Lieber Herr Amrein, viel Spaß mit Ihrem neuen Auto und allzeit gute Fahrt! Ihr Garage Soltermann Team."

Ein anderer Autohändler schenkt jedem, der ein Auto bei ihm kauft, einen wunderschönen Blumenstrauß, den er beim Aushändigen des Autos auf den Beifahrersitz legt.

Bleifrei, bitte

„Bleifrei“ ist nicht etwa der knappe Monolog eines in dunkelblauen Overall gekleideten Tankwarts, der mir noch die Windschutzscheibe putzt, während das Benzin in mein Auto fließt, sondern ganz einfach die digitale Anzeige im Display der Zapfsäule. Die Romantik ist der Effizienz zum Opfer gefallen. Auch beim Tanken.

Ich fahre mindestens einmal wöchentlich (und dies seit Jahren) an „meine“ Tankstelle und weiß noch nicht einmal, wie der Geschäftsführer heißt, und er weiß nicht, dass ich sein Kunde bin. Er weiß nicht, weshalb ich bei ihm tanke und nicht anderswo. Mein Tankvorgang dauert exakt zwei Minuten, natürlich erst, nachdem ich die passende Plastikkarte in den dafür vorgesehenen Schlitz gesteckt und „Säule 2 – Bleifrei“ mit „OK“ bestätigt habe. Ich frage mich gerade, was ich in diesen zwei Minuten jeweils mache. Ich beginne zu rechnen:

Ich fahre mit meinem Auto jährlich ca. 30.000 Kilometer. Dabei verbraucht mein Auto rund 3.000 Liter Treibstoff, Marke „Bleifrei“, Jahrgang unbekannt. Mein Tank fasst 60 Liter und das bedeutet, dass ich mindestens 50 Mal zwei Minuten, also 100 Minuten, genau das tue – NICHTS.

Weder reinige ich die Windschutzscheibe mit dem abgenutzten Teil, das in einer undefinierbaren Brühe liegt, noch kontrolliere ich den Reifendruck. Auch meine Lebensmittel kaufe ich nicht im Shop, denn da, wo ich tanke, gibt es keinen.

Verblüffend gut!

An einer Tankstelle erlebte ich einmal einen jungen Mann im Overall mit einem Kaffeebehälter auf dem Rücken. Er goss allen Tankkunden Kaffee aus seiner „Zapfsäule" in einen Pappbecher und servierte diesen beim Auto.

Ein anderer Tankstellenshop legte an der Kasse Gratisobst auf mit einem schönen Schild, auf dem stand: „Lieber Kunde! Wir schenken Ihnen einen Apfel! Er kommt aus unserer schönen Südtiroler Gegend und enthält viele wertvolle Nährstoffe. Beißen Sie herzhaft rein und danke, dass Sie unsere Gegend besuchen ..."

In einer Raststätte in Frankreich haben sich einige Studenten als Clowns verkleidet und auf einer Wiese ein kleines Artistenzelt aufgebaut. Die Aktion hat sich das örtliche Tourismusbüro ausgedacht, um den Kindern auf den langen Urlaubsfahrten im Sommer etwas Abwechslung zu bieten.

Eine Tankstellenkette setzt schon frühzeitig auf den Dialog mit potenziellen Kunden. Auf deren Homepage finden Fahranfänger einen virtuellen, kostenlosen Fahrlehrer, der alle Fragen zum Straßenverkehr beantwortet. Eine clevere Art der Kundenbindung, wenn man bedenkt, dass jährlich alleine in Deutschland 1,5 Millionen neue Führerscheine ausgestellt werden ...

Stimmt die Wassertemperatur?

11.15 bis 12.00 Uhr Frisör, steht in meiner Agenda – unmittelbar vor *12.15 Uhr Business Lunch mit Eliane Hager, Journalistin.* „Ist die Temperatur so gut?“, fragt mich meine Coiffeuse, während ich in die grell leuchtende Neonröhre blinzle. Diese Frage hört jeder Mann (und wahrscheinlich auch jede Frau) beim Frisör mindestens dreimal. „Ja danke, es geht“, antworte ich immer. Immer deshalb, weil das Wasser in den letzten 30 Jahren noch nie zu kalt und noch nie zu heiß war. Nicht bei ihr und nicht bei jedem anderen Frisör auf dieser Welt. Wenn ich es mir recht überlege, dann sollte ein Frisör nicht nur in der Lage sein, Haare zu schneiden, sondern auch die richtige Wassertemperatur zum Haarewaschen zu bestimmen. Was also soll die Frage?

Ähnlich kundenfeindlich ist in vielen Frisörsalons die Auswahl an Zeitschriften und Magazinen. Sie beschränkt sich nämlich meist nur auf die Regenbogenpresse. Die ist zwar sicher sehr gefragt, doch gibt es durchaus Kunden, die gerne etwas anderes lesen möchten.

Frisöre sind wie Psychologen, sagt man im Volksmund. Viel Persönliches werde da zuweilen besprochen. Der Vergleich hinkt, denn ein Psychologe befasst sich nicht mit Oberflächlichem, sondern hauptsächlich mit der Person, die er therapiert. Er macht sich Einträge zu „seiner Kundschaft“, studiert deren Gewohnheiten und unterbreitet gezielt Vorschläge, die zu Fortschritten führen. Obwohl die meisten Menschen über Jahre den gleichen Frisörsalon aufsuchen, bleibt die Dienstleistung oft dieselbe. Ab und an kommt einer mit der innovativen Idee des Mengenrabatts und das wär's dann auch schon.

Verblüffend gut!

Ein Frisör hat es sich zur Angewohnheit gemacht, bei jeder Terminvereinbarung dem Kunden mitzuteilen, wie lange das Haareschneiden dauert. Er hat gemerkt, dass viele Leute gestresst im Sessel sitzen, weil sie weniger Zeit für ihren Frisörbesuch eingerechnet haben.

Besonders pfiffig finde ich die Idee eines Frisörs in München. Er bestätigt die Termine am gleichen Tag per SMS inklusive Parkplatzreservierung!

Noch weiter geht ein Frisör aus Frankfurt, der seiner Kundschaft einen Botenservice anbietet. Während der Kunde sich die Haare schneiden lässt, erledigt ein Mitarbeiter für den Kunden Besorgungen. Vom Hund-Gassi-Führen bis hin zum Einkauf von Lebensmitteln.

Apropos Stress: In einem Frisörsalon in Luzern bot man mir kostenlos eine Handmassage an. Handmassagen gehören zum Ausbildungsprogramm der Frisörlehre und die AZUBIS verbinden so Training mit Kundenservice.

Ein Frisör hat nach meinem vierten Besuch gemerkt, dass ich ein zufriedener Kunde bin, und mir angeboten, dass er sich jeweils telefonisch bei mir melden wird, um einen Termin zu vereinbaren. Dies, weil er merkte, dass ich immer sehr kurzfristig anrief und er dann meistens ausgebucht war.

Ein anderer Frisör hat im Gespräch mit mir so einiges herausgefunden. Zum Beispiel, welches Haargel ich benutze oder welche Hobbys ich habe. Bei meinem nächsten Termin lag ein Mountainbike-Magazin zum Lesen bereit. Zudem empfahl er mir aktiv ein neues, offensichtlich besseres Haargel, das ich natürlich auch bei ihm kaufte.

Besonders sinnvoll finde ich auch die Idee jenes Coiffeurs, der sein Hobby mit dem Beruf verbindet. Er hat in seinem Frisörsalon ein kleines Fotostudio eingerichtet und bietet seiner Kundschaft professionelle Vorher-Nachher-Porträts an. Viele nutzen das, um von sich neue Porträts anfertigen zu lassen. Wann ist die Gelegenheit besser, ein Foto von sich machen zu lassen, als nach einem Frisörbesuch? Der Erfolg gibt ihm Recht!

In den USA besuchte ich einen Hairdresser, bei dem man optional den Fernseher einschalten konnte. Für all jene Kunden, die gar keine Unterhaltung mit dem Frisör wünschen ...

In Sydney bekam ich den besten Haarschnitt meines Lebens! Als ich zwei Monate später den gleichen Frisör erneut aufsuchte, begrüßte er mich, ohne mich jedoch wieder zu erkennen. Als er meinen Haarschnitt im Spiegel betrachtete, sagte er voller Selbstsicherheit: „Diese Haare habe ich geschnitten." Völlig überrascht fragte ich ihn, wie er darauf käme. Er antwortete mir: „Jeder Haarschnitt trägt die Unterschrift des Frisörs und dieser Haarschnitt trägt die meine!"

Das stille Örtchen – Stätte des Grauens

Was machen Sie eigentlich, wenn Sie mal müssen und sich nicht gerade in Ihren eigenen vier Wänden aufhalten? Natürlich kann man ein Hotel oder Restaurant aufsuchen, doch irgendwie habe ich dann oftmals das Gefühl, ein Parasit zu sein. Ich fürchte den Oberkellner, der mich erwischt und sagt: „Unsere Infrastruktur benutzen Sie. Doch konsumieren tun Sie nichts!" An den meisten Orten wird einer vollen Blase einfach kein Respekt gezollt.

Abgesehen von dieser Einschleich-Variante bleiben wohl nur noch die öffentlichen Toiletten als Alternative, von denen es immer dann keine gibt, wenn man sie dringend braucht. Und wenn man diese dann doch findet, sind sie oftmals in einem fürchterlichen Zustand. Gut, dass ich ein Mann bin, denke ich dann immer und verdränge meine Vorstellung, wie es wohl den Frauen auf dem stillen Örtchen ergeht.

Sie denken, ich dramatisiere? Das Thema ist hinreichend erforscht, hier ein paar Kennzahlen:

Frauen suchen das stille Örtchen durchschnittlich fünfmal täglich auf, Männer hingegen lediglich dreimal. Dabei verbringen Frauen täglich 18 Minuten, Männer 15 Minuten auf der Toilette. Pro Sitzung verweilen Männer durchschnittlich 5 Minuten, Frauen 3,6 Minuten. Rechnet man die Zahlen auf die durchschnittliche Lebenserwartung bei Frauen (82,5 Jahre) und Männern (76,5 Jahre) hoch, dann verbringen Frauen 376 Tage (mehr als ein Jahr!) auf dem Klo. Die Männer immerhin noch 291 Tage.

Viele dieser Tage verbringen wir nicht auf unserem heimischen Thron, sondern irgendwo in Hotels, Restaurants, Bahnhöfen, Flughäfen oder wo auch immer.

Der Ausspruch „Die Toiletten sind die Visitenkarte eines Unternehmens" ist zwar bekannt, scheint jedoch – nicht nur bei den Bahnen – keine Gültigkeit zu haben. Ich schätze, dass mindestens 50% der öffentlichen Toiletten in einem erbärmlichen Zustand sind. Die von Besuchern hinterlassenen Sprüche und Schäden an den Wänden widerspiegeln den Zustand unserer Gesellschaft eindrücklich. Besonders wundere ich mich darüber, dass man in öffentlichen Toiletten den Vandalen nicht zuvorkommt und die Räume für Werbezwecke nutzt. Eine Studie an der FH Bielefeld hat ergeben, dass 72% der Befragten Werbung auf Toiletten als willkommene Abwechslung begrüßen. Es ist zudem erwiesen, dass 12% der Menschen regelmäßig auf der Toilette lesen ...

Nachfolgende Beispiele beweisen, dass ein Toilettenbesuch durchaus ein positives Erlebnis sein kann!

Verblüffend gut!

Es gibt zunehmend Firmen, die sich auf das Betreiben öffentlicher Toiletten spezialisiert haben. Gegen Eintritt von ca. 1 Euro finden Sie eine blitzblank gereinigte Toilette vor, haben die Möglichkeit sich zu erfrischen oder können gar eine Dusche nehmen. Es stehen Baby-Wickeltische zur Verfügung und die WC-Anlagen werden durch eine sauber gekleidete, freundliche Mitarbeiterin betreut.

In einem Airport-Hotel fand ich auf den Toilettentüren die Aufschriften Economy-Class, Business-Class und First-Class. Nachdem ich einen Blick in alle drei Toiletten geworfen hatte, fiel mir nichts Besonders auf, außer ... dass das Toilettenpapier verschieden war. Economy-Class hatte einlagiges, Business-Class zweilagiges, und First-Class dreilagiges Toilettenpapier. Die Gäste amüsierten sich ganz offensichtlich über diese lustige Idee.

In New York fand ich ein Designer-WC in einem Restaurant vor, bei dem das Pissoir aus umgedrehten Fernsehmonitoren bestand, die durch eine Glasplatte getrennt waren. Der Mann von Welt pinkelt also quasi über das laufende Fernsehprogramm ...

In einem anderen Restaurant fand ich bei den Pissoirs eine Marmorabdeckung, unter die man beim Geschäft seine Füße stellte, auf der stand: „Keep your shoes clean!" Auch diese Idee wurde von den männlichen Gästen als besonders innovativ betrachtet.

Zum Schmunzeln: Bei einem Reisebüro in Süddeutschland ging ein Beschwerdebrief ein, in dem sich ein männlicher Reisender über das WC in seinem Hotel beschwerte. Wortlaut: „Beim Sitzen auf der Toilette verschwand mein Geschlechtsteil im Wasser ..." Das Reisebüro schrieb seinem Kunden zurück: „Wir sind Probe gesessen und haben es nicht geschafft, mit unseren Geschlechtsteilen im Wasser zu landen. Bitte wenden Sie sich an das ‚Guinessbuch der Rekorde'."

Auch die kleinen Gäste sind bei uns willkommen

... stand auf der Speisekarte vor dem Restaurant. Immer wenn ich so etwas lese, frage ich mich, was wohl die Menschenrechtskommission in Den Haag zu solch einer Formulierung sagen würde. Mir scheint es eine Selbstverständlichkeit, dass Gäste in Restaurants willkommen sind. Egal, welchen Alters und welcher Größe.

Nun, ich hatte zwei junge Gäste bei mir. Mein Sohn Noah ist 18 Monate jung und Christina, die Tochter von Freunden, feiert in einer Woche den dritten Geburtstag. Damit die Frauen ungestört shoppen konnten, hatte ich mich angeboten, mit den beiden in der Stadt essen zu gehen.

„Raucher oder Nichtraucher?", fragt mich der Kellner sehr routiniert, als ich flankiert von den beiden ins Restaurant trat. Die Amerikaner antworten an dieser Stelle jeweils mit: *Having a smoking section in a restaurant is like having a peeing section in a pool!*

„Nichtraucher", antworte ich und werde an einen Zweier-Tisch geführt, während ich schaue, dass Christina nicht in die Gegenrichtung davonspringt und mir Noah nichts von fremden Tischen stibitzt.

Der Kellner kommt meiner Frage zuvor: „Wir haben leider nur drei Kindersitze und die sind derzeit alle besetzt." So, so, denke ich. Die kleinen Gäste sind willkommen, aber einen Kleinegästestuhl könnt ihr nicht anbieten.

Der Bewegungsdrang meines Sohnes ist derart groß, dass mich nur ein Kinderstuhl vor einer nervlichen Bewährungsprobe retten kann und diesen Lichtblick hat mir der Kellner soeben zunichte gemacht ...

Ich bestelle einen gemischten Salat, für Noah einen ganz kleinen Teller Spaghetti mit Tomatensauce (sein Lieblingsgericht). „Wir haben eine Kinderkarte", sagt mir der Kellner voller Stolz. Trotzdem möchte Noah nicht den Mickey-Mouse-Teller, sondern einfach eine kleine Portion Spaghetti. Christina ist durchaus in der Lage, ihr Essen selber zu bestellen. Sie hat mit drei Jahren einen Wortschatz von 8.000 Wörtern, kann lesen und selbstständig entscheiden, was sie mag und was nicht. Trotzdem habe ich sehr selten erlebt, dass Servicemitarbeiter die Kinder direkt fragen respektive ihnen eine Speisekarte anbieten. Die Kommunikation findet meistens über die Eltern statt. Kinder merken das und sind sehr hart in ihrer Beurteilung.

„Achtung, die Teller sind sehr heiß!", höre ich von hinten und breite instinktiv meine Arme aus, um links und rechts Verbrennungen zu verhindern. „Sorry, aber Sie können doch unmöglich im Ernst zwei kleinen Kindern einen heißen Teller hinstellen. Haben Sie denn kein Kindergeschirr?"

„Nein", gibt mir der Kellner mit genervter Stimme zur Antwort, „aber ich kann es auf einen anderen Teller leeren."

Irgendetwas riecht hier nicht gut. Am Essen kann es nicht liegen, denn die ersten Bissen waren ausgezeichnet. Wie zu erwarten dringt der unangenehme Duft aus Noahs Windeln. Während Christina sich ihrem Onkel-Dagobert-Teller widmet, spurte ich mit Noah in Richtung Damentoilette. Ja, Sie lesen richtig! DAMENTOILETTE! Auf der Herrentoilette findet Mann nämlich nie einen Wickeltisch. Also setze ich wieder mein entschuldigendes, gequältes Lächeln auf und begegne vor dem Schminkspiegel ebensolchen Damenblicken. Schminkspiegel deshalb, weil es in diesem Restaurant selbst bei den Damen keinen Wickeltisch gibt. Spätestens jetzt merke ich, wie willkommen hier kleine Gäste sind.

Kaum zurück, verlange ich die Rechnung und stelle fest, dass Noahs Spaghetti als Erwachsenenportion verrechnet wurden. Begründung: Kinderpreise gibt es ausschließlich auf der Kinderkarte.

Zwei kleine und ein großer Gast verlassen erleichtert das Restaurant.

„Na, hattet ihr eine schöne Zeit miteinander?", fragen mich die beiden Frauen gut gelaunt und schließen ihre Kleinen in die Arme.

Mein Blick sprach Bände, denn Zusatzfragen kamen keine ...

Verblüffend gut!

Dass es auch besser geht, zeigen folgende Beispiele:

Ein Resorthotel in Österreich hat einen professionell betreuten Kinderclub. Das Besondere dabei ist, dass die Eltern beim Check-in einen Piepser erhalten und von der Kinderbetreuerin jederzeit kontaktiert werden können. Die Eltern brauchen sich so nicht immer um das Wohlergehen ihrer Kleinen zu sorgen.

In einem anderen Restaurant war der Kinderspielplatz gleich neben der Gartenterrasse. So konnten die Kinder jederzeit von den Eltern beim Spielen beobachtet werden.

Ein besonders kinderfreundlicher Küchenchef holt, wann immer möglich, die Kinder im Restaurant ab und zeigt ihnen die Küche. Das Restaurant verfügt zudem über einen bunten Kindertisch, an dem die Kinder separat von den Eltern essen können.

Pizza Quattro Kartone

Driiiiiiing, tönt es an der Haustüre. Vor genau 35 Minuten habe ich eine Pizza Quattro Stagioni, eine Pizza Margharita, zwei Insalata Caprese und zwei Tiramisu bestellt.

Es sind Abende, an denen wir entweder nicht in der Stimmung für einen Restaurantbesuch oder aber einfach zu faul zum Kochen sind, die mich dazu bewegen, den Pizzakurier „um die Ecke" anzurufen. Um die Ecke deshalb, weil fast alle Kurierdienste mit ihrer Nähe zum Kunden und ihrem raschen Service werben.

„Hallo, ich bringe Ihr Essen", begrüßt mich ein junger, in Motorradklamotten gekleideter Mann. „Macht 31 Euro", setzt er hinzu. „Eine Pizza ist gratis, da es Ihre zehnte war." Mir kommt wieder in den Sinn, dass ich ein Abokunde bin.

„Stimmt so", sage ich, ihm das Geld übergebend und gleichzeitig Karton und Plastik balancierend.

Die beiden Kartonschachteln fühlen sich lauwarm an und nach dem Öffnen merken meine Freundin und ich, dass nicht unbedingt heiß drin ist, wenn heiß drauf steht. Unser Hunger ist größer als der Gedanke, den Ofen schnell aufzuheizen. Es hat Tradition, dass wir fifty-fifty machen. Das Teilen einer Pizza ist ja ohnehin keine leichte Übung und bei einer Take-away-Pizza schon gar nicht. Der einstmals knusprige Boden beider Pizzas hat nun die Konsistenz eines Schweizer Käsefondues und wehrt sich dementsprechend hartnäckig, geteilt zu werden.

Am Schluss der italienischen Gourmetreise in heimischen Gefilden schauen wir uns an und kommentieren das Essen. Genauso wie wir nach einem Restaurantbesuch unsere Eindrücke austauschen. In diesem Fall ist das Fazit das gleiche:

„Gut war die Pizza ja nicht unbedingt", sagt meine Freundin. „Immerhin, der Salat war O.K. und das Tiramisu sogar exzellent", sage ich.

„Das sagen wir nach einer Pizza-Take-away-Bestellung eigentlich immer", stellen wir beide gleichzeitig fest. Ich gieße uns zwei Magenbitter in die Likörgläser und hoffe, dass sie etwas zur raschen Verdauung beitragen.

Aus dieser Geschichte lernen wir drei Dinge, nämlich,

- dass Pizza so ziemlich das ungeeignetste Take-away-Gericht ist,
- dass wir schon froh wären, wenn jede zehnte Pizza anstatt gratis so gut wie im Restaurant wäre, und
- dass wir demnächst lieber wieder Sushi bestellen.

Verblüffend gut!

Ein Unternehmen in Zürich hat sich auf Take-aways spezialisiert und bringt Ihnen das Essen aus Ihrem Lieblingsrestaurant nach Hause.

Ein Pizza-Take-away Unternehmen bringt Ihnen die Pizzas in speziellen Wärmeboxen. Als Kunde erhalten Sie gegen ein kleines Depot eine solche Box. Wenn Sie die nächste Pizza bestellen, nimmt der Kurier die alte Wärmebox einfach wieder mit. Ein System, das mich bisher am meisten überzeugt hat.

Im Altersheim

Der Besuch meiner Großmutter im Altersheim ist für mich auf der einen Seite etwas sehr Schönes, denn ich mag meine Großmutter sehr, andererseits jedoch kann ich die klinische Atmosphäre im Wohn- und Betagtenheim „Zur Linde“ nicht ausstehen. Meine Großmutter weiß das und sagt immer: „Ach, lass mal, Junge, die sind hier doch eigentlich ganz nett.“

Ich schätze die Arbeit der Betreuenden in den Heimen dieser Welt über alles und bin mir darüber hinaus bewusst, dass ich als Geschäftsmann nie in der Lage wäre, diesen anspruchsvollen Job zu machen. Dabei wäre ich sicherlich sehr froh, würde sich jemand um mich kümmern, wenn ich im Alter meiner Großmutter wäre. Noch 53 Jahre, dann bin ich so alt wie meine Großmutter jetzt. Zeit, die ich nutzen möchte, auf einige Dinge hinzuweisen, die einfach keinen Sinn machen:

Die Kleiderschubladen im Zimmer meiner Großmutter liegen so tief, dass sie sich mit größter Mühe bücken muss, um an neue Kleider zu kommen.

Der Fernseher hängt in der Zimmerecke an der Wand, sodass meine Großmutter nur mit zurückgelegtem Kopf fernsehen kann. Ihr Genick ist kürzlich 91 Jahre geworden ...

Ihr Telefonapparat verfügt über eine „Normalgrößen-Tastatur". Versuchen Sie einmal, sich in eine sehbehinderte, zitternde 91-jährige Frau zu versetzen und wählen Sie dabei die Nummer Ihres Enkelkindes. Viel Glück! Mehr als einmal hatte sie jemand Wildfremden am Telefon, bis ich ihr die wichtigsten Nummern auf Kurzwahltasten abgespeichert habe. Trotzdem: Die Tastatur ist zu klein und ich halte es für den Job des Heimes, die Zimmer mit „Großtastatur-Telefonen" auszustatten. Das Gleiche gilt übrigens für die Fernbedienungen von TV und Radio.

Die Beschriftungen sind generell zu klein. Im Flur wie in den Zimmern. Weder Architekt noch Beschrifter haben hier kundenorientiert gearbeitet. Schade eigentlich, denn es wäre eine so schöne Aufgabe, älteren Menschen den Alltag zu vereinfachen.

„Ach, lass mal, Junge, die sind hier doch eigentlich ganz nett", erwiderte meine Großmutter erneut, als ich ihr anbot, diese Dinge mit dem Heimleiter zu besprechen.

Verblüffend gut!

Am Bodensee gibt es ein Alterspflegeheim, das sich ganz den Bedürfnissen seiner Bewohnerinnen und Bewohner verschrieben hat. Neben einem Streichelzoo mit diversen Tieren gibt es dort auch eine Bibliothek in einem eigens dafür gebauten Wintergarten.

Die Speisekarte ist in Großschrift geschrieben und das Pflegepersonal weiß über alle besonderen Bedürfnisse jedes einzelnen Bewohners Bescheid (Lieblingsessen, Lieblingsgetränke, Lieblingsfarbe, bevorzugte Blumen etc.).

Zudem organisiert das Pflegepersonal regelmäßig Ausflüge für die Bewohnerinnen und Bewohner. Sogar bei einem Fußball-Länderspiel waren sie schon gemeinsam!

Ein Ausflug in die Berge

Wir müssen mal raus aus der Hektik des Alltags. Uns erholen. Abschalten.

Genau diesen Gedanken hatten tausend andere auch, als wir auf dem Parkplatz jener Bergbahn anlangten, von der wir uns die Transformation von Geschäft zu Freizeit versprachen. „Fahren Sie bis ans Ende des Parkplatzes, dort werden Sie eingewiesen", ruft mir ein von oben bis unten in Leuchtfarben eingekleideter Ordnungshüter durch das Fenster zu.

Im Gebäude der Talstation angekommen, beginnt die Hektik: „Besorg du schon mal die Fahrkarten, ich schaue, ob ich für uns irgendwo etwas zu trinken auftreiben kann", sagt meine Freundin und weg ist sie. Hier stehe ich nun in der Schlange der Wartenden und tue, was ich in solchen Situationen immer tue: Ich studiere die Menschen. In diesem Falle studiere ich genauer gesagt die Angestellten. Etwas fällt mir auf, doch ich kann es nicht beim Namen nennen ...

Mit den Worten „Ja bitte?" holt mich eine Schaltermitarbeiterin, durch eine dicke Glaswand von mir getrennt, aus dem Psychologiestudium zurück. „Zweimal Gipfel retour", bestelle ich und zwei Sekunden später leuchtet in roter Schrift 38 Euro vor mir auf und das wird durch die krächzende Funkstimme „Das macht achtunddreißig Euro" von der Mitarbeiterin bekräftigt. Eine Drehvorrichtung sorgt dafür, dass ich meine zwei Tickets und das Wechselgeld bekomme.

Mir kommen diverse Szenen aus Filmen in den Sinn, bei denen jemand durch eine Glasscheibe getrennt mit dem Häftling telefoniert. Spielt sich diese Szene zwischen einem Liebespaar ab, dann halten am Schluss beide die Hände gegen das Glas und versuchen so, die unerreichbare Nähe zu signalisieren.

Ich muss mich zurückhalten, dass ich die Szene mit meinem Gegenüber, Frau Helbling, nicht nachspiele. Doch angesichts der anderen wartenden Erholungssuchenden unterlasse ich das.

Plötzlich fällt mir dieser Zeitungsartikel ein, in dem ein Journalist *die Nähe zum Kunden* im Tourismus vermisste. Wie Recht er doch hat. Kundenorientierung beginnt am Parkplatz oder eben beim Fahrkartenlösen.

„Alle Fahrkarten vorweisen, bitte", ertönt es just in dem Moment, als mir etwas anderes auffällt, was ich schon oft an Bergbahnmitarbeitern bemerkt habe: die beamtenhafte Kleidung! Man sucht nicht etwa eine der Corporate Identity entsprechende Kleidung aus, sondern uniformiert die Mitarbeiter in allerlei Blautönen. Frei nach dem Motto: *Blau ist immer gut!*

Hier stellt sich nicht die Frage, ob die Bekleidung schlecht ist, sondern ganz einfach, welche passender und somit besser wäre!

Nachdem der „Chefbeamte für Fahrkartenkontrolle“ generalstabsmäßig uns und unsere Fahrkarten gemustert hat, flüsterte meine Freundin mir ins Ohr: „Ein Lächeln würde ihm gut tun“, und bevor ich etwas sagen konnte, dröhnte aus dem Lautsprecher: „Willkommen, liebe Fahrgäste, auf einer der schönsten Bergfahrten Europas. Schon Mark Twain verglich unseren Berg mit ...“

Mark Twain könnt ihr nicht mehr fragen. Fragt lieber uns!

Verblüffend gut!

Besonders gut in Erinnerung blieb mir jene Bergbahn, bei der die Mitarbeiter in pfiffigem Swiss Ethno Look gekleidet waren. Diese einheimischen Bahnbegleiter gaben bereitwillig Auskünfte zur Region und boten Ein- und Aussteighilfe, anstatt in erster Linie die Fahrkarten zu kontrollieren.

In einer Schweizer Bergseilbahn las der Fahrbegleiter laut und sehr lustig das Tagesmenü des Gipfelrestaurants vor, und zwar in allen Sprachen der anwesenden Fahrgäste!

In einer bayrischen Seilbahn erlebte ich, dass die Bahnbegleiter auf dem Weg in die Höhe jodelten.

Im Supermarkt

„Unsäär Metzgärmeistäär empfiehlt Ihnen, liebe Kundinnen und Kunden, feine Kalbsleber, 100 g zum Aktionspreis von 1,85 Euro ... Zudem sind im ganzen Monat August Damenbinden im Multipack Aktion ...“ Nicht schon wieder diese Stimme, denke ich, während ich meinen übergroßen Einkaufswagen auf direktestem Weg in Richtung Getränkeabteilung bugsiere. Egal wo auf der Welt ich schon einen Supermarkt betrat, die übertrieben freundlichen, aalglatten Verkaufssprüche klingen nicht nur inhaltlich identisch, nein, ich bin sogar fest davon überzeugt, dass immer dieselbe Person sie spricht. Nicht vorzustellen, wenn nun alle „lieben Kundinnen und Kunden“ mit Kalbsleber und Damenbinden im Multipack die Kassen stürmen!

Mit Orangensaft, Mineralwasser und noch ein paar Dingen, die eigentlich gar nicht zu meinem Einkaufsplan gehören, biege ich an der Ecke Kolonialwaren in die Teigwaren-Avenue ein und habe auf einmal Blickkontakt mit einer lächelnden, sympathischen Frau. Sie verschwindet fast hinter dem Turm sorgfältig vorbereiteter und auf Zahnstocher aufgespießter Käsewürfel. Instinktiv überlege ich, wie ich dem sich anbahnenden Verkaufsgespräch ausweichen könnte. „Möchten Sie mal kosten?“, lächelt mich die Verkäuferin an und streckt mir auch schon einen Käsewürfel samt kleinem Silbertablett und Papierserviette entgegen. „Nein danke, keinen Hunger!“, erwidere ich und deute mit meiner Hand auf den Bauch, um meiner dämlichen Antwort noch Nachdruck zu verleihen. Dämlich deshalb, weil man keinen Hunger braucht, um einen 1 Zentimeter großen Käsewürfel zu verspeisen, und sie spätestens jetzt herausgefunden hat, dass ich nicht gerade der schlagfertigste Kunde bin. Und das wiederum ärgert mich.

An der Kasse angelangt, werden meine Lebensmittel gescannt und nach dem obligaten Piiiiiep ins Einpackfach befördert. „Nein, ich besitze keine Kundenkarte“, „Nein, ich habe keine Rabattmarken“, beantworte ich die stereotypen Fragen. „Sechsundreißigfuffzig zurück.“

„Guten Tag“, sagt die Kassiererin zum Kunden hinter mir, der seine Einkäufe säuberlich mit einer Trennleiste von den meinen separiert hat.

Mein Blick klebt an einer Packung „Emmentaler mild – Doppelpack zum Sonderpreis“, welche mein Kassennachbar gerade auf dem Warenband platziert. Hah! Ein Opfer der Käsewürfel-Silbertablett-Aktion! Ein bisschen stolz und mit etwas erhobenem Kopf freue ich mich, dass ich dieser nicht auf den Leim gegangen bin.

Verblüffend gut!

Ein Supermarkt in Amerika stellt seinen älteren und sehbehinderten Kunden Vergrößerungsgläser zur Verfügung. Damit können sie Informationen auf den Packungen oder an den Regalen lesen, ohne Hilfe anzufordern.

Eine Modehauskette in Amerika betreibt eine ganz besondere Art der Kundenbindung. An mehreren Tagen können hier gebrauchte Kleider abgegeben werden. Die Kunden erhalten dafür einen 10-Dollar-Gutschein, einlösbar bei einem Kleiderkauf von mindestens 50 Dollar. Die gebrauchten Kleider übergibt die Modehauskette einer Hilfsorganisation.

Ein englisches Kaufhaus versucht, seine Kundschaft zum Treppensteigen zu bewegen, anstatt die Rolltreppen zu benutzen. Die an jeder Rolltreppe angebrachten Plakate ermuntern die Kundschaft, etwas für ihre Fitness zu tun. Normalerweise erklimmen höchstens 10 von 100 Leuten die Stufen, wenn sie genauso gut die Rolltreppe nehmen könnten. Mit den ermunternden Werbeschildern verdoppelte sich die Zahl der Treppensteiger. Diese sinnvolle und ebenso simple Marketingaktion hat dem Warenhaus zahlreiche Presseberichte gebracht.

In einem amerikanischen Erlebniskaufhaus für Outdoor-Freaks verweilen Kunden durchschnittlich bis zu zwei Stunden. Das Kaufhaus ist mittlerweile eine echte Touristenattraktion und ein Treffpunkt für Freizeit- und Outdoor-Fans. Ein Wasserfall, Feuerplätze mitten in Felsen, Rad- und Wanderwege, Regen-Testkabinen, Kühlschränke zum Testen von Kälteausrüstung, Lichttesträume und ein Klettergipfel sollen dem Besucher nicht die Produkte, sondern vor allem die Natur und das Fun-Erlebnis nahe bringen.

Einen Satz Winterreifen, bitte

Es ist der 1. November. Draußen ist es warm und irgendwie hat man das Gefühl, der Winter sei noch weit entfernt. Doch meine im Keller eingelagerten Winterreifen erinnern mich immer an die kältere Jahreszeit. Sie sind omnipräsent, denn sie liegen neben dem Gartengrill und dieser steht symbolisch für den Sommer. Bei beiden macht man sich die Hände schmutzig und beide müssen irgendwann eingewintert oder eben eingesommert werden.

Die schon etwas arg strapazierten Sommerreifen zwingen mich zu einem frühzeitigeren Radwechsel. Ein Prozedere, das mir gar keinen Spaß macht, da es zeitaufwändig und mühsam ist.

1. Ich räume meinen Kofferraum komplett aus und kleide ihn mit Plastik ein.
2. Ich hole die Winterräder aus dem Keller und schaffe es auch diesmal nicht, ohne meine Kleidung zu beschmutzen.
3. Ich staple die Reifen bedrohlich hoch in meinem nicht dafür vorgesehenen Kofferraum.
4. Ich fahre zu meinem Reifenhändler, mit dem ich für heute Morgen um 8.30 Uhr einen Termin abgemacht habe. (Natürlich musste ich dafür im Geschäft einen Termin verschieben und meinen Boss um Verständnis bitten ...)

In der Werkstatt geht es so hektisch und laut zu und her wie bei Michael Schumachers Boxenstopp, nur nicht so schnell. Ich stehe vor einem voll verglasten Werkstattbüro und warte darauf, von jemandem wahrgenommen zu werden. In meinem Anzug komme ich mir reichlich overdressed vor. Fünf Minuten vergehen und ich werde langsam nervös, denn um 9.30 Uhr habe ich im Büro einen Termin, den ich auf gar keinen Fall verpassen darf. Für wartende männliche Kunden hat die Werkstatt vorgesorgt und die Pirelli-Kalender 1994 bis 2003 an die Wand gehängt. Ich frage mich nur, wie sich wohl eine Frau fühlt, die vor einer Wand mit zehn nackten, sich auf Reifen räkelnden Frauen die Zeit überbrücken muss ...

„Heißen Sie Joe Friedmann?", fragt der große, in einen schmutzigen Overall gekleidete Mann ,der vor mir steht. Bevor ich antworten kann, weist er mir den Platz auf der Hebebühne zu.

Srrrr, srrrr, srrrrrrr ... der Drehmomentschlüssel der elektrobetriebenen Schraubenmaschine leistet schnelle und ganze Arbeit. Nach 18 Minuten steht der gleiche Mann wieder vor mir und drückt mir die Rechnung inklusive vier seiner schwarzen Fingerabdrücke in die Hand. „Ihre Sommerreifen müssen Sie nächsten Frühling wechseln, die sind total abgefahren."

Mittlerweile ist es Abend um 22.00 Uhr und ich trage die vier Sommerräder in den Keller, wo ich sie neben dem Grill staple. Dabei studiere ich die

Rechnung und lese „Schnell – kompetent – preisgünstig“ in der Überschrift. Dann steht da der Betrag und zuunterst steht erstaunlicherweise geschrieben:

Einlagerungsservice! Beim Kauf neuer Pneus lagern wir Ihre Winter-/Sommerräder für 5 Euro pro Rad bei uns ein. Fragen Sie uns!

Tja, da hätte ICH wohl fragen MÜSSEN ...

Verblüffend gut!

Ein besonders gewiefter Reifenhändler hat in seinem Unternehmen drei Verblüffungen standardisiert:

1. *Bei jedem Reifenwechsel werden die Wagenscheiben und die Rückspiegel gereinigt.*
2. *In jedes Handschuhfach wird ein Erfrischungstuch gelegt.*
3. *Der Wagen des Kunden wird nach erfolgtem Reifenwechsel immer in Wegfahrrichtung geparkt.*

Ein anderer wiederum hat, um Stoßzeiten vor dem ersten Schneefall zu vermeiden, ein ausgeklügeltes Rabattsystem kreiert. Wer bereits im Oktober/November von Sommer- auf Winterreifen wechselt, erhält einen Frühwechsler-Rabatt. Bereits nach den Sommerferien beginnt er seine Stammkunden anzurufen, um Termine zu vereinbaren.

Als ich an meinem Auto das Scheibenwischerwasser nachfüllen wollte, bemerkte ich, dass dies der Reifenhändler schon für mich erledigt hatte. Ich fand einen Zettel mit der Aufschrift: „Gute Haftung bekommen Sie bei uns. Gute Sicht übrigens auch!“

„Blitzblank saubere Reifen und Felgen sind bei uns eine Selbstverständlichkeit", steht auf dem Prospekt eines Reifenhändlers in Italien. Nicht nur, dass er sein Versprechen hält, nein, er verstaut die Räder auch in praktische Radtaschen mit Tragegriffen. Somit wird sich kein Kunde mehr über einen verschmutzen Kofferraum oder über seine von Bremsstaub verschmutzte Kleidung ärgern.

Einen Felgen- und Reifenservice der besonders sauberen Art bietet eine deutsche Firma. Sie hat eine animierte Internetseite eingerichtet, auf der der Kunde von einem virtuellen Fachmann beraten wird. Nebst den neuesten Reifentests findet man auf der Homepage auch die günstigsten Preise und ist sogar in der Lage, Termine für einen Reifenwechsel beim am nächsten gelegenen Händler zu vereinbaren.

I hope you have enjoyed flying with us

„Der Flug LJ ist nun zum Boarden bereit“, krächzt die adrett gekleidete Airline-Mitarbeiterin ins Mikrofon. Wer jetzt sofort aufsteht, outet sich als Wenigflieger, denn die Vielflieger bleiben gelassen sitzen und lesen weiter in der FAZ. Schließlich fliegt man Business oder gar First. Nirgends wird die Zweiklassengesellschaft deutlicher als beim Fliegen. Für die einen ist es das Erlebnis schlechthin, für die anderen lästige Routine.

Ich bin einer dieser Vielflieger und ich kann Ihnen sagen, das ist kein Vergnügen. Das einzig nicht Voraussehbare bei einem Flug ist, ob Sie das Reiseziel je erreichen. Alles andere ist quasi Wort für Wort voraussehbar. Jeder Handgriff und jede Ansage des Captain ist weltweit identisch. Häufig frage ich mich, mit welcher Airline ich überhaupt fliege, denn der Unterschied ist oft gar nicht feststellbar.

„Guten Tag, liebe Fluggäste, ich heiße Sie an Board des Fluges LJ nach Miami herzlich willkommen. Wir werden in wenigen Minuten abheben. Unser Flug dauert voraussichtlich ...“, aber eben das kennen wir ja alle zur Genüge. Weshalb, frage ich mich, werden die Fluggäste der AUA nicht mit „Grüß Gott“ und jene, die mit der SWISS fliegen, mit „Grüezi“ vom Captain in seiner Ansage begrüßt? Weshalb werden die landestypischen Eigenheiten nicht gezielter genutzt?

Zum Beispiel:

„Unser Flug nach Miami dauert 8 Stunden und 15 Minuten. Danach geht es durch die Passkontrolle, ab ins Taxi in Ihr Hotel und dann können Sie bereits im 24° C warmen Meer schwimmen gehen. Die Sonne strahlt bei 28° C im Schatten. Zur Einstimmung zeigen wir Ihnen einen Hollywood-Film, der in Miami gedreht wurde. Genießen Sie den Flug, das Essen und den sympathischen Service."

Nein, so was habe ich auf meinen mehr als 200 Flügen noch nicht erlebt. Wäre doch mal was anderes, oder?

Anstelle einer „tollen Anmoderation" des Captain hören wir Floskeln „made by Standard".

Anstelle eines landestypischen Essens gibt es zum x-ten Mal Putenbrust mit Reis und Broccoli.

„Unsere Flugbegleiter machen Sie jetzt mit den Sicherheitsbestimmungen vertraut!" Hier wundere ich mich seit Jahren, dass sich dieses echten Problems noch nie ein heller Kopf angenommen hat. Es sind selten mehr als 20% der Fluggäste, die aktiv zuschauen, wenn die Flugbegleiter diese wichtigen Informationen runterleiern, als müssten sie dringend mal auf die Toilette. Hier gilt doch:

Hat der Lehrer nichts gelehrt, hat der Schüler nichts gelernt.

Der Herr auf 7a versteckt sich wichtig hinter einer großen Wirtschaftszeitung, während die Flugbegleiter die Sicherheitsdemonstrationen vorturnen. Wahrscheinlich hat er diese Bewegungen und Ausführungen schon x-mal gehört und gesehen. Doch ich frage mich, was passieren würde, wenn ihm die Flugbegleiterin eine Schwimmweste in die Hand drücken wollte, mit den Worten:

„Sie scheinen mir ja ein echter Vielflieger zu sein. Sicher sind Sie mit den Sicherheitsbestimmungen bestens vertraut und können die Demonstration für mich übernehmen!" Wow, das wäre ein Knüller! Höchstwahrscheinlich wäre er nicht in der Lage, der Aufforderung nachzukommen. Aber immerhin würde er dieses Erlebnis nicht so schnell vergessen.

Es ist wie mit dem Feuerlöscher: Vom Zuschauen lernt man nicht, ihn zu bedienen.

So wird es wohl auf den Flügen dieser Welt zu- und hergehen wie bisher. Nett und korrekt, aber eben furchtbar langweilig. „I hope you have enjoyed flying with us", sagt der Captain.

Das Hoffen ist berechtigt. Wissen wäre besser.

Verblüffend gut!

Eine amerikanische Fluggesellschaft hat in den 80er Jahren vor jeder Sicherheitsdemonstration vom Captain folgende Durchsage machen lassen:

„Es gibt 50 Wege, wie Sie Ihre Geliebte verlassen können, jedoch nur 6 Ausgänge aus diesem Flugzeug. Bitte beachten Sie also die anschließend demonstrierten Sicherheitsbestimmungen genau."

Noch ein Beispiel aus den USA: Eine Fluggesellschaft hatte dort die tolle Idee, im Inflight-Programm Lieder abzuspielen, die zur Fliegerei passen. Zu hören war unter anderem:

- *„In the Air Tonight" von Phil Collins*
- *„Love is in the Air" von John Paul Youngs*
- *„Flying" von den Beatles*
- *„The Airport Song" von den Byrds*
- *„Off the Ground" von Paul Mc Cartney*
- *„Walking in the Air" von Howard Blake*
- *„Spread your Wings" von Queen*

und viele mehr.

Auf einem Flughafen in Kanada wird den Fluggästen die Wartezeit beim Luggage Claim mittels Informationen zur Stadt überbrückt.

Eine Überdosis Parfüm

An diesem verregneten Sonntagnachmittag führte mich die Lösung eines Kreuzworträtsels zu dem Entschluss, eine Parfümerie zu betreten. „Anderer Begriff für Stinktier, waagerecht, mit fünf Buchstaben", wurde da gefragt. Meine Gedankengänge sind ebenso rätselhaft wie manches Kreuzworträtsel und für andere oft nicht nachvollziehbar.

Dennoch führten mich eben diese tags darauf vor die Eingangstüre dieser Parfümerie. „Come in and find out", steht auf dem Plakat im Schaufenster. Ich öffne die Tür und werde sogleich eingehüllt in einen schweren, süßlichen Duft. Keine drei Schritte komme ich unbemerkt voran, bevor ich von zwei in weißen Krankenschwestertrachten steckenden Damen begrüßt und die zwei Stufen zum Verkaufsraum eskortiert werde. „Was darf es für den Herrn sein?", fragt mich eine der beiden Damen und wirft der anderen einen viel sagenden „Geh-weg-Blick" zu. „Ich suche einen neuen Duft – besser gesagt, ein After Shave", sage ich zu der Dame in Weiß. Mit ihrem makellosen Make-up, den purpurroten Lippen und dem schwarzen, streng nach hinten gekämmten Haar erinnert mich diese Lady an Schneewittchen.

„Haben Sie eine bestimmte Vorstellung?", fragt mich Schneewittchen und zitiert mich zu dem bis zur Decke reichenden und mindestens zwei Meter breiten Regal mit glänzenden Flacons und edlen Verpackungen.

„Eigentlich nicht", antworte ich ihr und höre mir anschließend Schneewittchens Aufzählungen an: „Lieber herb und rassig oder lieber süßlich oder blumig zart – darf es frisch sein, haftend, schwelgerisch schwülstig mit Tiefe oder lieblich und fein mit Temperament?" „Äääh – ich suche einfach einen Männerduft, etwas Klassisches, Neutrales", sage ich mit Nachdruck und Schneewittchen bekommt rote Bäckchen.

„Dann empfehle ich diesen hier." Theatralisch besprüht sie eine weiße Gänsefeder mit einem edlen Duft, welche sie mir direkt unter die Nase hält. Der aufsteigende, intensive Alkohol lässt meine Nasenflügel beben. Ich setze meinen Degustierblick auf, den ich jeweils im Restaurant einsetze, um mich beim Kellner als Kenner zu outen. „Oder der hier", meint sie und besprüht eine weitere Gänsefeder mit einem anderen Duft. Nach und nach hält sie nun Feder um Feder unter meine Nase. Genug! Mein Riechorgan weigert sich, einen weiteren Duft einzuatmen. Ich habe die Nase voll – im wahrsten Sinne des Wortes. Meine Schleimhäute sind bereits angeschwollen und ich kann mich vor lauter Düften nicht mehr erinnern, welcher der beste war. Mir ist nach einem Atemzug frischer, klarer und parfümfreier Luft zu Mute und so verlasse ich fluchtartig die Parfümerie – ohne neuen Duft! Natürlich drückt mir Schneewittchen zuvor noch ein paar kleine Probeglasröhrchen in die Hand.

„Come in and find out", kommt mir in den Sinn. Hah! – welcher Irrtum! Passender wäre „Come in and run out". Ein Ding-Dong ertönt wieder, als ich die Tür in die Freiheit öffne und einen tiefen Atemzug nehme, als ich ins Freie trete. Die Luft ist angereichert mit einem wunderbaren „Frische-Brötchen-Duft" von der Bäckerei gleich nebenan. „Zeit für ein Frühstück. Es ist 10.00 Uhr in Deutschland!"

Verblüffend gut!

Eine angesehene Parfümerie in einer bekannten Einkaufspassage stellt einen Raum zur Verfügung, der optimal entlüftet wird. Dorthin wird man mit seinen beschrifteten Duftkärtchen, die man zuvor im Laden erhält, eingeladen, um bei einer kleinen Erfrischung in Ruhe die Düfte nochmals zu beschnuppern.

Eine Parfümerie in Deutschland schenkte allen ihren Top-Kunden das Buch „Das Parfum" von Patrick Süskind zu Weihnachten.

Cool Caribbean Dream

Ein kühler, trüber Novembertag geht zu Ende und ich sehne mich förmlich nach einigen wärmenden Sonnenstrahlen, die meine Laune mir nix dir nix beschwingt machen. Da die Wetterfrösche auch für die nächsten Tage neblige, graue Tage ankündigen, steuere ich nach Feierabend geradewegs mein Auto in Richtung „Caribbean Sun“. Hier im Sonnenstudio erhoffe ich mir ein paar wärmende und stimmungsverbessernde – wenn auch künstliche – Sonnenminuten.

Eine braun gebrannte Schönheit in knappem Bikini lächelt mich an einer Palme lehnend von einem Hochglanzplakat an. *Schöne Bräune verhilft zu einem besseren Outfit,* steht als Slogan auf dem Plakat und rechts unten wirbt der Solariumhersteller mit seinem Namen. Ich zücke meine Geldbörse und wende mich dem blechernen Wechselautomaten zu. Lieber würde ich ja den Change bei einer freundlichen Solarium-Betreuerin vornehmen, aber hier gilt Selbstbedienung.

Verflixt! – Nur ein 20-Euro-Schein im Geldbeutel. Das heißt bei geplanter 16-minütiger Bräunungszeit 11 übrige Münzen in meinem kleinen Portemonnaie und damit eine schwangere Geldbörse in meiner Gesäßtasche!

Meine „Sonne“ ist besetzt und so setze ich mich auf einen unbequemen Bistrostuhl und wende mich den Caribbean-Broschüren über gesunde Bräunung zu. Ich höre das typische Geräusch der automatischen Deckelöffnung und ein Brummen des Ventilators, welcher die heiße, dicke Luft nach Draußen befördern sollte. Einige Minuten später tritt eine gekochte Languste aus der Kabine. Seine Haarpracht hat schon bessere Zeiten gesehen und die durchschimmernde Kopfhaut leuchtet wie ein Feuermelder. FERKEL – denke ich, als ich die angetrockneten Schweißperlen auf der Plexiglasscheibe entdecke. Mit dem Desinfektionsmittel reinige ich meine „Poolliege" von den Ausdünstungen meines Vorbräuners. Mit nackten Füßen laufe ich auf dem kalten Linoleumboden hin und her, befördere meine Münzen in den Schlitz des Automaten und strecke meinen Alabasterkörper auf der Sonnenliege aus, die unter meinem Gewicht anfängt zu quietschen und zu knarren.

Ein Klick – und über und unter mir beginnen die Röhren grell zu leuchten. Anstatt eines passendes Liedes wie zum Beispiel *Welcome to the Hotel California* dröhnt aus den Boxen hinter meinem Kopf der Song *Der Weg* von Herbert Grönemeyer. Anstatt meine Stimmung zu heben, drückt dieses Lied mit seinem sentimentalen Text jedes Mal meine Laune. Es wird langsam heiß und stickig in diesem Sandwich und meine Gesichtshaut beginnt zu spannen. Der Schweiß sammelt sich unter meinen Schulterblättern. Meine Ellbogen schmerzen und die Schutzbrille mit ihrem engen

Gummiband drückt mir die Augäpfel nach innen. Marc Joe Friedmann – warum tust du dir das an?

KLING – die Lampen gehen aus und der Deckel hebt sich nach oben – ich bin gerettet und erhebe mich auf meine Füße, um meine neu erlangte Bräune im Spiegel zu betrachten. Ich sehe mit meiner Brille aus wie Puk, die Stubenfliege, aus „Biene Maja“ und auch ohne die getönte Brille vor den Augen erkenne ich keinen Unterschied zu vorher. Caribbean Sun – pahh, dass ich nicht lache!

Wo sind hier die Gemeinsamkeiten zwischen Karibik und diesem kleinen Sonnenstudio – NIRGENDS – NOWHERE – NADA – NIENTE!

Zu Hause klettere ich in meine Dusche, denn nichts ist schlimmer als der „Duft“ der Haut nach dem Solariumbesuch. Im Spiegel schaue ich meinen Rücken an und sehe die beiden weißen Flecken auf den Schulterblättern und den großen, ovalen hellen Fleck an meinem Hinterteil. Als ich mein Gesicht betrachte, fallen mir die beiden hühnereigroßen, weißen Flecken um die Augen auf. Mir kommt da nur eines in den Sinn: Von vorne Brillenbär und von hinten Pandabär.

Verblüffend gut!

In München habe ich ein Solarium entdeckt, das in der Tat etwas Karibikstimmung aufkommen lässt. Es gibt dort eine Erfrischungsbar und zu jedem Solarium gehört ein CD-Spieler. Aus zahlreichen CDs kann man eine auswählen oder seine eigene Lieblings-CD mitbringen.

Eine weitere Entdeckung machte ich in Amerika. Dort fand ich tatsächlich ein Solarium mit Sand und wunderschönen Bildern von Traumstränden aus aller Welt. Für die Besucher mit Kleinkindern gab es außerdem eine Kabine, in die eine Spielecke mit Sandförmchen etc. integriert war.

Modeberaterin gesucht

Ab und zu komme ich selbst als viel reisender Geschäftsmann in den Genuss, einen Einkaufsbummel durch die Herrenabteilung eines großen Modehauses zu machen. Heute ist allerdings Freizeitmode angesagt, denn von Anzügen und Krawatten habe ich genug!

Gemäß den Marketingexperten zähle ich sicher nicht mehr zu dem Kundenkreis „Young Men", dennoch gehe ich in diese Abteilung in der Hoffnung, dort nicht schräg angeschaut zu werden. Hip-Hop dröhnt aus den überdimensionalen Boxen, welche neben einem Plakat mit der Abbildung eines jungen, gut aussehenden Mannes installiert wurden. Dieser Dressman mit Waschbrettbauch bekommt seine Jeans von einer Dame zugeknöpft. Sie steht hinter ihm und greift in Hüfthöhe mit beiden Armen nach vorne, um ihm freundlicherweise beim Zuknöpfen (oder Aufknöpfen?) behilflich zu sein.

„1238 nach 14, bitte" –„1238 nach 14, bitte", schallt es in greller Stimmlage und viel zu laut aus den Boxen und unterbricht für ein paar Sekunden die Katzenmusik. Ich frage mich, wer diese dämlichen Zahlenkombinationen eingeführt hat. Menschen haben meist sofort nach der Geburt einen vollständigen Namen und hier werden sie „verziffert".

Ich stehe planlos vor einem raumhohen Regal mit Jeanshosen und frage mich wie jedes Mal, welcher Norm mein Unterkörper entspricht. 34/38 oder 36/38? Ich ziehe eine Hose nach der anderen aus dem Regal und halte mir diese an den Körper. Drei der „Teile" kommen schon einmal nicht in Frage, da ich aus dem Alter der verrissenen oder befleckten Jeansmode wohl doch herausgewachsen bin. Verzweifelt schaue ich mich nach einer Verkäuferin um, die mich aus meiner aussichtslosen Lage befreit. „1238 zu Joe Friedmann, bitte – 1238 zu Joe Friedmann – Hilfe, wo seid ihr?"

Ich schnappe mir drei Jeans unterschiedlicher Größe und Farbe und suche die Umkleidekabine. Bei den Umkleidekabinen handelt es sich um die Marke „Western Saloon" und diese Schwingtüren, welche lediglich den mittleren Teil des Körpers abdecken (je nach Körpergröße auch mehr oder weniger), erinnern mich an die Westernklassiker mit John Wayne. Um peinliche Zwischenfälle zu vermeiden, laufe ich in gebückter Haltung an den Saloontüren vorbei, um nach nackten Füßen in den Kabinen Ausschau zu halten. Cool wie einstmals John Wayne gebe ich den Schwingtüren einer freien Kabine einen kräftigen Schubs – welche sodann mit einem riesigen Knall an der rechten und linken Kabinenwand anschlagen. Die erste Anprobe verläuft negativ, da diese Hose höchstens einen Einsatz bei der nächsten Jahrhundertflut finden würde. Die zweite Hose würde zwar von der Länge her passen, leider kann ich diese aber nicht schließen. Dieses dämliche, überdimensionale Plastikteil, welches den Raub diverser Artikel verhindern soll, wurde nämlich direkt an der Knopfleiste angebracht .... Mein dritter und letzter Versuch schlägt fehl, da ich beim Schließen des Reißverschlusses plötzlich das Metallteil des Verschlusses in der Hand halte.

Ich entscheide mich schließlich für die Option vier, nämlich jene Jeans, die bei mir zu Hause liegt und seit Jahren zu mir hält.

Auf dem Weg zur Rolltreppe komme ich nochmals an dem Plakat mit dem Waschbrett-Dressman und der Lady vorbei. What a lucky man – geht mir durch den Kopf. Dieser Typ trägt eine top passende Jeans und hat sogar noch eine Modeberaterin und Anziehhilfe dabei ...

Verblüffend gut!

In einem Modehaus einer Großstadt kann man an der Information anmelden, was man sucht. Eine Fachperson wird dann per Pieps hergerufen und begleitet einen in die richtige Abteilung.

Eine Schweizer Firma bietet ihrer Kundschaft eine Computerberatung an. Dabei wird jeder Kunde in der Unterwäsche fotografiert und der Computer rechnet dann anhand der automatisch ausgemessenen Körperproportionen alle Größen aus. Von den Strümpfen bis zum BH. Darüber hinaus erhält die Kundin oder der Kunde auch typgerechte Design- und Markenvorschläge. Dadurch können sämtliche Kleidereinkäufe problemlos per Internet erfolgen, ohne Angst haben zu müssen, dass ein Kleidungsstück nicht passt.

In einem anderen Modehaus sind an den Umkleidekabinen Sensoren angebracht. Somit sieht man, ob diese besetzt sind oder frei. Außerdem sind es fest installierte Türen, welche lediglich einen 10 Zentimeter hohen Spalt zwischen Türe und Decke offen lassen.

Ein Krawattenhändler aus Starnberg erzielt schon heute die Hälfte seines Umsatzes übers Internet. Diese erfreuliche Tatsache verdankt er nicht zuletzt einem interessanten und nützlichen Online-Service. Ein virtueller Dressman probiert die ausgewählte Krawatte für den Kunden in Verbindung mit farblich frei wählbaren Anzügen und Hemden online an. So sieht der Kunde sofort, ob das ausgesuchte Stück zu seinem Anzug im Schrank zu Hause passt.

Ein Herrenbekleidungsgeschäft in London garantiert seinen Kunden, dass Abänderungen, wie zum Beispiel das Auslassen von Hosenbünden, sofort erledigt werden. Ein nochmaliges Vorbeikommen oder mühsames Nachschicken des Anzuges erübrigt sich.

Kann ich Ihnen helfen?

... ist der meistgenannte Begrüßungssatz von Kleiderverkäufern. „Danke, ich möchte mich erst umsehen ...“, die meistgenannte Antwort darauf. Zumindest trifft die Antwort auf Männer zu und gerade wir sehen in Modehäusern öfters mal aus, als ob wir Hilfe benötigen.

Weshalb also dieses Frage-Antwort-Prozedere? Analysieren wir doch mal die Situation: Auf der einen Seite haben wir eine Verkäuferin, die nebst helfen vor allem verkaufen möchte. Auf der anderen Seite steht der Kunde, der nebst „sich umsehen“ vor allem etwas kaufen möchte.

Wäre es nicht viel einfacher, wenn die Verkäuferin sagen würde: „Guten Tag, was möchten Sie denn kaufen?“

Und ich als Kunde würde dann antworten: „Ich benötige einen Anzug. Etwas Herbstliches. Mit Krawatte. Dann möchte ich noch Strümpfe von Burlington und Unterwäsche von Calvin Klein.“

Die Verkäuferin wüsste sofort, was für ein Typ ich bin, und könnte mich professionell beraten.

Ich wiederum hätte dann jene Sachen, die ich benötige, ohne mich erst schlecht fühlend durch die Regale zu schleichen, um schlussendlich einzugestehen: Ich benötige doch Hilfe!

Ich stehe gerade vor jenem Herrenbekleidungsgeschäft, in dem ich seit Jahren immer wieder mal etwas einkaufe. Pünktlich zu meinem Geburtstag erhalte ich jeweils die personifizierte Gratulationskarte mit dem Hinweis, dass ich innerhalb der nächsten drei Wochen 10% Vergünstigung erhalte. Wie es der Zufall möchte, ist heute tatsächlich mein Geburtstag!

Ich betrete das Geschäft mit der Idee, mich an meinem Geburtstag in genau diesem Geschäft mit einem 10%-Rabatt gleich selbst zu beschenken.

„Kann ich Ihnen helfen?" Die attraktive junge Frau schaut mich fröhlich an.

„Gerne", strahle ich zurück. „Ich habe heute Geburtstag und möchte von Ihrer 10%-Aktion profitieren!"

„Von welcher Aktion denn?," fragt mich die Verkäuferin ungläubig.

„Jedes Jahr erhalte ich von Ihnen eine Geburtstagskarte mit dem Hinweis, dass ich während drei Wochen 10% Ermäßigung auf meine Einkäufe kriege."

„Kann ich den Gutschein sehen?"

„Nein, ich habe ihn zu Hause vergessen, aber Sie können doch bestimmt im Computer nachschauen", schlage ich vor. Immerhin weiß der Computer doch auch sonst immer alles, denke ich mir.

„Einen Moment, bitte“, vertröstet mich die Verkäuferin und beginnt hinter einem Vorhang eine hitzige Diskussion mit der Geschäftsführerin. „... soll mit dem Gutschein wiederkommen“, höre ich sie zur Verkäuferin sagen.

„Ähm, es tut uns leid“, sagt diese peinlich berührt, da sie wohl gemerkt hat, dass ich die Diskussion mitgehört habe, „aber diese Aktion wird von unserer Marketingabteilung am Hauptsitz koordiniert. Ohne Gutschein kann ich Ihnen leider keine Ermäßigung geben ...“

Das kann doch nicht wahr sein, denke ich. Da weiß die rechte Hand mal wieder nicht, was die linke tut. Also versuche ich es mit einem Trick.

„Schade“, sage ich. „Darf ich Ihnen meine neue Adresse schnell noch bekannt geben?“

„Gerne“, erwidert die Verkäuferin und klickt sich bereits durch die Kundendatei. „Ihr Name, bitte.“

„Joe Friedmann.“

Sie gibt „Friedmann“ ein und findet mich nicht. Kein Wunder, denn ich erhalte seit Jahren meine Post immer unter „Fridman“, weil irgendjemand vor Jahren den Kreditkartenbeleg nicht sauber abgelesen hat.

„Versuchen Sie es unter FRIDMAN ...“

„Ah, hier ist es.“ Sie freut sich sichtlich. „Wie lautet Ihre neue Adresse?“, fragt sie mich, ohne irgendwelche Anstalten zu machen, meinen falsch erfassten Namen in ihrer Kartei zu korrigieren.

Da ich freie Sicht auf den Bildschirm habe, frage ich sie: „Fällt Ihnen etwas auf?" „Was meinen Sie ...?", fragt sie verdutzt.

„Mein Geburtsdatum!" „Was ist damit?"

„Heute ist mein Geburtstag!", antworte ich und kann einfach nicht glauben, dass sie nun immer noch nicht reagiert. Spätestens jetzt hätte sie mir endlich zum Geburtstag gratulieren dürfen. Spätestens jetzt hätte sie sagen müssen: „Selbstverständlich können Sie auch ohne Gutschein von unserer Geburtstags-Aktion profitieren. Immerhin haben Sie ja heute Geburtstag."

Doch nichts passiert. Für einen kurzen Augenblick wollte ich aggressiv werden, doch dann besann ich mich eines Besseren. Schließlich bin ich der Kunde. Soll die Marketingabteilung doch auch die nächsten zehn Jahre Geburtstagskarten an den FRIDMAN verschicken. Sollen sie ruhig ihre Marketinggelder in mich investieren. Ich werde jedenfalls mein Geld in Zukunft anderswo ausgeben.

Verblüffend gut!

Als ich neulich in einem Herrenbekleidungsgeschäft einen Anzug anprobieren wollte, jedoch die Größe nicht mehr wusste, nahm die Verkäuferin nicht das Maßband in die Hand, sondern fragte mich zuerst, ob ich schon Kunde sei. Als ich dies bejahte, schaute sie schnell im Computer nach, kam zurück und sagte: „Also, Herr Friedmann, Sie haben letzten Herbst bei uns einen blauen Anzug gekauft. Passt der Ihnen noch?" „Perfekt", antwortete ich.

„Dann dürfte diese Größe die richtige sein", sagte sie und begleitete mich vor die Umkleidekabine.

Als ich den Anzug an der Kasse bezahlte, übergab sie mir eine visitenkartengroße, laminierte Karte: „Ich habe Ihnen als Einkaufshilfe Ihre individuelle Hemd-, Hosen- und Jackettgröße notiert."

Please hold the line

Die letzte Mobiltelefon-Abrechnung ist bedenklich hoch und so fasse ich den Entschluss, mir von meinem Netzbetreiber einen so genannten Verbindungsnachweis kommen zu lassen. Eigentlich eine einfache Sache – so dachte ich zumindest bis zu dem Moment, als ich die 0800er Nummer zu Ende gewählt hatte. Ich möchte schon meinen Namen sagen und die Begrüßungsfloskel von mir geben, als ich merke, dass die freundliche Stimme von einem Tonband kommt. „Yellow Sunstar – guten Tag, wenn Sie eine andere Sprache wählen möchten, drücken Sie bitte die Taste 1, wenn Sie mehr über unsere Angebote erfahren wollen, drücken Sie die Taste 2, wenn Sie eine Neuanmeldung tätigen möchten, wählen Sie die Taste 3, wenn Sie Fragen zu Ihrer Rechnung haben, wählen Sie die Taste 4, wenn Sie mehr über unsere Dienstleistungen erfahren möchten, wählen Sie die Taste 5.“ Zwar kenne ich nun alle Dienstleistungen, weiß jedoch nicht mehr, welche Ziffer für welche Leistung genannt wurde. Also bleibt mir nichts anderes übrig, als nochmals von vorne zu beginnen. Ich wähle erneut 0800 ... „Yellow Sunstar – guten Tag, wenn ... und so weiter und so weiter.“ Ich erkenne meine gewünschte Dienstleistung – die Nummer 4, drücke erwartungsvoll diese Taste und TUT TUT TUT TUT – rausgeflogen – das darf ja nicht wahr sein! Doch so schnell gebe ich nicht auf. 0800 ... „Yellow Sunstar – guten Tag, wenn ...", ich drücke sofort die Taste 4, damit ich mir nicht nochmals die ganze Story anhören muss, und tatsächlich erkenne ich am Klicken, dass ich zu Nummer „4" durchgestellt werde. Es läutet zweimal, dann schaltet sich ein Tonband mit dem Lied *Time to say good bye* in instrumentaler Fassung ein. Dieses emotionale und melancholische Zwischenspiel wird unterbrochen durch ein „Bitte warten – please hold the line". Das erste Lied wird abgelöst durch *Strangers in the night,* als endlich jemand am anderen Ende der Leitung den Hörer abnimmt. „Yellow Sunstar -guten Tag, mein Name ist Susanne Eisner, was kann ich für Sie tun?"

Juheeeee!!!! Nummer „4" lebt !!!!!, geht mir durch den Kopf und ich äußere meinen Wunsch nach einem Verbindungsnachweis. „Bedaure", sagt Frau Eisner, „da muss ich Sie leider weiterverbinden." Ich bekomme gerade noch den Schlussakkord von *Strangers in the night* mit, als am anderen Ende „Yellow Sunstar – guten Tag, mein Name ist Lars Johannson, was kann ich für Sie tun?" ertönt. Wieder erzähle ich mein Anliegen in kurzen, prägnanten Sätzen. „Läuft das Handy auf Sie persönlich oder über die Firma?", fragt mich der kühle Mann aus dem Norden. „Firmenhandy", gebe ich kurz zur Antwort. „Dann muss ich Sie weiterverbinden. Für Firmen ist eine andere Abteilung zuständig – einen kleinen Augenblick, bitte."

Ich fasse es nicht – diesmal jedoch, ohne musikalische Pausenklänge, höre ich: „Yellow Sunstar – guten Tag, mein Name ist Jutta Kleinschmid, was kann ich für Sie tun?“ Wieder derselbe Spruch – Quality Management lässt grüßen – oder ISO 2003?

Ich reiße mich zusammen und leiere zum dritten Mal meinen Wunsch nach dieser klitzekleinen Liste mit Nummern herunter, bemüht, aufgrund meiner aufbrodelnden Wut das Zittern in der Stimme zurückzuhalten. „Welche Postleitzahl hat Ihr Firmensitz?“, fragt mich Frau Kleinschmid. „66045“, sage ich brav und Jutta tippt auf den Tasten ihres PCs herum. „Herr Friedmann – für Sie zuständig ist Frau Müller, Ihre Firma liegt in ihrem Verantwortungsbereich“, sagt „Schmidi“ und bittet mich um etwas Geduld. Doch meine Geduld ist längst am Ende. Ich kritzele nervös mit meinem Bleistift auf dem vor mir liegenden Notizblock herum. Inzwischen stehen VIER! Namen auf meinem Block und die Smileys, welche ich noch während *Time to say good bye* gemalt habe, haben inzwischen Hörner auf dem Kopf und die Mundwinkel nach unten. „Yellow Sunstar – guten Tag, mein Name ist Daniela Müller, was kann ich für Sie tun?“ „Sie können mein Leben retten, indem Sie mich vor einem Herzinfarkt bewahren“, gebe ich zur Antwort und höre ein überraschtes „Ich verstehe nicht?“ „Schon gut“, sage ich, nenne Firmennamen, Namen und meinen Wunsch nach diesem Verbindungsnachweis, in der Hoffnung, nun endlich ein „Aber gerne doch!“ zu Ohren zu bekommen. Und so ist es in der Tat: Nach einem fast viertelstündigen Hin und Her kann ich davon ausgehen, dass in den nächsten Tagen dieser Verbindungsnachweis für 10 Euro in meinem Briefkasten landet. „Time to say good bye“, sage ich zu Frau Müller, die mir ein „Wie bitte?“ in den Hörer haucht. „Ach, nichts“, sage ich zu ihr, lege den Hörer nieder und sacke auf meinem Bürostuhl zusammen.

Verblüffend gut!

Eine einzige Call-Center-Mitarbeiterin konnte mich bisher verblüffen und die arbeitete bei einer Bank. Gerade zu Beginn unseres Gesprächs sagte sie mir: „Ich werde Sie in Zukunft betreuen. Damit Sie sich immer direkt an mich wenden können, erhalten Sie nach unserem Gespräch ein Mail von mir, in dem Sie meinen Namen, meine Direktnummer und Erreichbarkeit ersehen. Auch meine Stellvertreterin ist darin aufgeführt, falls ich mal in Urlaub gehen sollte ...“

Bitte den Mund weit aufmachen

Weiß Gott kann ich mir angenehmere Rendezvous vorstellen als einen Besuch beim Zahnarzt. Doch dieser Termin lässt sich nun nicht mehr hinausschieben, denn mein Backenzahn erinnert mich stündlich daran, dass ich mir am Sonntagmorgen beim ersten Biss in das Vollkornbrötchen eine Plombe ausgebissen habe. Nun sitze ich mit schweißnassen Händen hier im Wartezimmer und schwöre, dass das mein letztes Bio-Vollkornbrötchen war, in das ich je gebissen habe. Desinteressiert blättere ich in einem abgegriffenen und von Angstschweiß verunstalteten Exemplar einer mehr oder weniger bekannten Frauenzeitschrift. Gerade als ich mich in eines der tiefgründigen Themen vertiefen möchte, ertönt aus dem Lautsprecher über der Tür: „Herr Friedmann, ins Behandlungszimmer 2, bitte."

Noch einmal tief durchatmen, die Hände an den Hosenbeinen abtrocknen und auf dem „elektrischen Stuhl" Platz nehmen. Fräulein Bettina Christ legt mir das Lätzchen um und bittet mich um etwas Geduld. Links von mir sprudelt die rosarote Tablette im Zahnputzglas und über mir blendet mich das grelle Licht des Strahlers. So harre ich meines Schicksals, schließe die Augen und beginne mir vorzustellen, dass das Sprudeln und das helle Licht in Wahrheit ein südpazifisches Urlaubserlebnis ist – bis ich durch ein jähes „Grüß

Gott, Herr Friedmann“ aus den Träumen gerissen werde. Der Zahnarzt fragt mich nach meinem Befinden und streckt mir seine desinfizierte Hand entgegen, welche ich mit meiner kalten, feuchten Hand entgegennehme. „Bitte den Mund weeeiiiiit aufmachen“, höre ich ihn hinter seinem Mund- und Nasenschutz brummeln und schon stecken seine eklig schmeckenden Silikonhandschuhe samt Fingern, Spiegel und „Schürhaken“ in meiner Mundhöhle. Damit nicht genug, beginnt die Phase zwei des Härtetests. Ich bekomme drei Tamponagen der Ausführung „für starke Tage“ unter Ober- und Unterlippe geklemmt und komme mir vor wie Marlon Brando im Film „Der Pate“. Mit dem Bohrer wird nun mein beschädigter Backenzahn im wahrsten Sinne des Wortes unter Beschlag genommen. „Wie ist das denn passiert?“, fragt mich mein Zahnarzt, während er weiterbohrt und Bettina mit dem Speichelabsauger in meinem Mund hantiert. „Ahh haaa aa ahhaaha aa aha ahhaahhaahhaahaa ahhhhhha“, gebe ich ihm zur Antwort, denn bei aller Liebe – mit all dem Gerümpel im Mund bekomme ich keine verständlichen Worte zusammen. Eigentlich wollte ich ihm damit die Sache mit dem Sonntagsbrötchen erklären …

„Halten Sie es noch aus?“, fragt er mich sodann. „Ah aahh ahaha ahhh“, versuche ich ihm mitzuteilen und frage mich ernsthaft, ob er auch nur ein einziges Wort verstanden hat. Ich habe eigentlich nur eine logische Erklärung dafür, warum er mir immer dann Fragen stellt, wenn ich die Antworten völlig unverständlich herausglucksen muss. Es wird wohl eine Art Jobbereicherung oder ein Freizeithobby sein, wenn Zahnärzte die Geheimcodes zu entschlüsseln versuchen. Am Ende der ganzen Prozedur freue ich mich, dass ich Herrn Zahnarzt doch noch beweisen kann, dass ich auch zu normaler Kommunikation fähig bin, als ich mich von ihm verabschiede. Den Ort des Grauens verlasse ich, ohne mich noch einmal umzudrehen!

Auf dem Nachhauseweg wird mir bewusst, dass ich mich in Kürze wieder schlecht fühlen werde, dann nämlich, wenn ich die Zahnarzt-Rechnung in der Post vorfinde. Auch diese hat einen Geheimcode. Einen, den kein Kunde entziffern kann:

Anz.	Pos.	Leist. Bez.	Taxp.
1	4001	Lok. Anäst. Mefenacid	11.0

Verblüffend gut!

Ein Zahnarzt behandelt seine Silikonhandschuhe mit einem gut schmeckenden Mundspray. Dies ist weitaus angenehmer, als diesen Gummigeschmack im Mund zu haben. Außerdem nimmt er sich vor der Behandlung die Zeit, ausführlich Fragen zu stellen und zu beantworten.

Ein anderer Zahnarzt in der Nähe von Bonn wird immer wieder weiterempfohlen, weil er einen besonders guten Draht zu Kindern hat. Wenn Kinder zum ersten Mal zu ihm kommen, fragt er sie mit strengem, typischem Zahnarztblick: „Na, putzt ihr denn auch die Zähne regelmäßig?" Die Kinder erwidern natürlich: „Oh ja!" Der Zahnarzt (immer noch streng): „Na, dann will ich das mal überprüfen ..." Dann fängt er an zu lächeln und bittet die Kinder an den Zahnarzt-Stuhl. Und was macht er? Er lässt sich von den Kindern die Zähne putzen. (Er sich!)

Dieses Schauspiel nutzt er, um die Kinder zu loben, um ihnen Tipps zu geben. Das Ganze wird eine einzige Gaudi und am Ende schenkt er den Kindern noch lustige Kinderzahnbürsten.

Ein anderer Zahnarzt hat in der Decke über dem Behandlungsstuhl Bildschirme einbauen lassen, auf denen er je nach Kunde Kurzfilme abspielt.

Nehmen Sie bitte im Wartezimmer Platz

Eine Umfrage bei Führungskräften hat ergeben, dass, auf ihre Schwächen hin befragt, die meistgenannte Antwort „Ich bin ungeduldig“ lautet. Genau diese Befragung kommt mir in den Sinn, als ich bei meinem Arzt in dem Zimmer sitze, das zum Warten da ist. Immerhin, ich warte nicht alleine, sondern zusammen mit zwei anderen Patienten. Kollektive Wartestimmung hat sich in dem Raum breit gemacht. Jeder schaut in eines der vielen, ur- ur-uralten Magazine, die stapelweise auf einem Tisch, nach Titeln geordnet, herumliegen. Direkt vor mir habe ich drei Magazine zur Auswahl: *Der Spiegel,* auf dessen Titelbild Bush gerade den Irakkrieg lanciert, *Die Tierwelt,* auf dessen Frontseite mich ein galoppierendes Zwergpony anschaut, und *Gala,* auf deren Titelseite steht, dass Boris Becker sich von seiner Babs trennt. In einer Ecke liegen lieblos ein paar Spielsachen. An der Wand hängen Landschaftsaufnahmen *Eiche im Nebel, Wasserfall und Regenbogen, Schneebedeckte Bergspitze* und ... ein Jesusbild inklusive einem ausgetrockneten Palmzweig. Direkt hinter mir hängen Diplome, die meinen Hausarzt als Fachmann auszeichnen. Allerdings mit Begriffen, die mir spanisch vorkommen ...

Was, so frage ich mich, läuft hier falsch? Wieso nutzt mein Arzt diese voraussehbare und immer wiederkehrende Situation nicht, um aus etwas Trostlosem etwas verblüffend Gutes zu machen? Seine Kunden (ich spreche bewusst nicht von Patienten) sind in einem Raum versammelt und wissen nicht was tun. Keiner spricht ein Wort, die Stimmung ist gedämpft. Eine Szene wie vor dem Jüngsten Gericht. Schon etwas Musik würde die Stimmung und den Geräuschpegel leicht ansteigen lassen.

Die Türe geht auf und die Arztgehilfin sagt fragend: „Frau Ettlin?“ Die etwas ältere Dame neben mir greift nach ihren Krücken, steht schwer und laut atmend auf und begibt sich zum Ausgang, während die Arztgehilfin uns anderen ein verkrampftes Lächeln schenkt, frei nach dem Motto: *Es dauert eben noch einen Moment.*

Ich schaue auf meine Uhr und frage mich, welches der Unterschied zwischen einem Moment und einer Ewigkeit ist.

Wartezimmer. Ich überlege mir andere, passendere Namen. Zum Beispiel: „Zimmer für die Ewigkeit“ oder „Das langweiligste Zimmer der Welt“ oder gar: „Sprechverbotzone!“

Eine Mutter mit ihrem ca. dreijährigen Sohn betritt das Zimmer, setzt sich und flüstert ihrem neugierigen Jungen Antworten auf jene Fragen zu, die er ihr laufend stellt. „Mama, wieso sagen die Frau und der Mann nichts?“ „Weil man in einem Warteraum nicht spricht“, flüstert die Frau zurück. Jetzt kann ich mich nicht mehr zurückhalten und entgegne ihr: „Es heißt Warteraum und nicht Schweigeraum. Auch nicht Flüsterraum, sondern nur Warteraum. Wieso also flüstern wir?“ Die Frau wundert sich sichtlich ob meiner rhetorischen Attacke, mit der ich sie ihrem Sohn gegenüber in einen erzieherischen Erklärungsnotstand versetze. „Tja, das ist nun halt mal so. Ein Warteraum ist eben keine Disco“, entgegnet sie mir schnippisch. Gerade als sich die Warterei in eine Plauderei zu verwandeln scheint, öffnet sich die Türe erneut und die Arztgehilfin sagt „Herr Friedmann, bitte!“ „Ich habe jetzt keine Zeit“, wollte ich ihr um ein Haar antworten, lasse es aber, um nicht noch mehr aus der Reihe zu tanzen.

Ich verabschiede mich bei den anderen Kunden mit den Worten: „Warten Sie noch gut.“

Doch die ernsten, stillen Mienen meiner Wartegenossinnen und -genossen verraten mir, dass ich damit keinen Lacher gelandet habe.

„Na, wie fühlen Sie sich?“, fragt mich der Arzt im Zimmer nebenan wie immer. „Ungeduldig“, antworte ich ihm.

Verblüffend gut!

In einer Praxis in Florida verkürzt ein Arzt seinen Patienten das Warten mit einem Wettbewerb. Jeder, der länger als 15 Minuten warten muss, gewinnt ein Millionenlos im Wert von 5 Dollar. Das bringt Stimmung und führt zwangsläufig zu motivierten Gesprächen. Zudem zwingt es ihn zu einer realistischen Zeitplanung, ansonsten wird es für ihn teuer.

Und wo bleibt die Hilfe?

Krankenhäuser sind schon fast mein zweites Zuhause. Früher dachten meine Eltern, dass ich eben ein besonders temperamentvolles Kind sei und sich das mit der Zeit gibt. Wenn ich ihnen heute von meinen zahlreichen Unfällen erzähle, schütteln sie nur noch mit dem Kopf. Eigentlich hat sich im Vergleich zu früher nicht viel geändert. Waren es damals Stürze beim Rollschuhfahren oder Unfälle beim Eishockey, sind es heute Knieverletzungen vom Snowboarden, Platzwunden vom Beachvolleyball oder ausgerenkte Halswirbel vom Golfen. Auch an den Unfallstationen hat sich fast nichts geändert. Mancherorts vielleicht der Anstrich und die Bilder an der Wand – aber an der Vorgehensweise beim Eintreffen eines vermeintlichen Opfers rein gar nichts. Wir leben noch im Zeitalter der Neandertaler, was diese Dienstleistung angeht.

Anstatt mich nach meinem Befinden zu befragen – oder besser gesagt, ob ich überhaupt noch fähig bin, diese Bürokratie über mich ergehen zu lassen, schiebt mir der Herr am Empfang der Unfallstation hinter seiner Glasscheibe ein doppelseitiges Formular entgegen, welches ich zuallererst auszufüllen habe. „Dies ist Vorschrift", sagt mir der steife Herr am Empfangsschalter und händigt mir noch einen Kugelschreiber aus, als er merkt, dass ich in meiner Tasche herumwühle. Mit schmerzverzerrtem Gesicht gebe ich all meine persönlichen Daten preis und frage mich, wo denn hier die HILFE!!! bleibt. Doch auf die warte ich und warte ich und warte ich ...

Nach der Hiobsbotschaft des Arztes – mehrfacher Oberarmbruch – darf ich mein „neues Heim“ beziehen. Ein Zweibett-Zimmer mit Sicht auf einen weiteren Betonbau und neben mir ein zirka 80-jähriger Leidensgenosse. „OP morgen Vormittag, der Narkosearzt kommt noch vorbei“, bekomme ich von der Krankenschwester mitgeteilt, die mir ein Kleidungsstück entgegenstreckt. Falsche Scham wäre hier fehl am Platz. Meine Skibekleidung muss ich gegen dieses zweifarbige Hemdchen in Grün-Weiß austauschen und im wahrsten Sinne des Wortes „meine Hosen herunterlassen“. Der Engel in Weiß – meine Krankenschwester – ist mir aufgrund meiner Verletzung behilflich. Anschließend überlässt sie mich meinem Schicksal und Herrn Hausmann, meinem Zimmergenossen.

Spätestens jetzt, als ich mich auf das vollelektronische Bett lege und die Dinge um mich herum betrachte, fühle ich mich entsetzlich krank. Krankenhausatmosphäre pur, denke ich und schaue auf die über mir hängende Stange, an welcher verschiedene Bedienungsknöpfe und eine „Aufziehhilfe“ (der stille Diener) angebracht sind. Ich fange an, mit der Mechanik des Bettes zu spielen, und bin entzückt, wie sich das Kopfteil langsam nach oben bewegt. Wenn ich nun das Fußteil und das Kopfteil gleichzeitig nach oben delegiere, dann ende ich wahrscheinlich als menschliches Sandwich ...

Ich betrachte als Nächstes die Bedienungskonsole, welche drohend über mir schwebt. Dort finde ich in Form von Piktogrammen zwei Lichtsignale und außerdem ein Piktogramm in weiblicher Schwesterntracht mit Häubchen. Wenn ich jetzt das Knöpfchen drücke, sollte eigentlich die entsprechende Person gleich zur Türe hereinstürmen ...

Da mich sowieso der Schmerz quält, erlaube ich mir, meinen Finger auszustrecken und „der Schwester" leicht auf den Bauch zu drücken. „Sie" leuchtet auf – ein Zeichen dafür, dass mein Hilferuf weitergeleitet wurde ...

Augenblicke später betritt „Peter/Krankenpfleger" den Raum und ich bin wahrlich erstaunt, denn Peter sieht ganz und gar nicht aus wie die Piktogramm-Schwester. „Nachtschwester" Peter bringt mir wenig später eine Schmerztablette in einem kleinen Plastikbecher, der mich an die Urinbecher meines Hausarztes erinnert. Er teilt mir mit, dass ich außerdem diese Schlaftablette nehmen soll – zur Beruhigung wegen der bevorstehenden Operation am nächsten Tag. Einnehmen muss ich diese Pille mit einem Schluck lauwarmem Kamillentee aus der Thermoskanne und ich muss mich dabei schwer beherrschen, diesen Schluck nicht an die Wand zu verteilen. Mein letzter Gedanke vor dem Einschlafen gilt meinem Schutzengel, der (so bin ich mir sicher) seit meiner Geburt ständig über mir schwebt. Denn trotz all den kleineren und größeren Unfällen kam ich doch immer noch sehr glimpflich davon.

Um 5.30 Uhr (!) wird die Türe aufgerissen und das grelle Neonlicht erbarmungslos angeschaltet. Ich muss mich einen Moment besinnen, ob ich bereits im Himmel bin oder noch auf Erden. Herr Hausmann sagt neben mir: „Das geht jeden Morgen so", was mich außerordentlich beruhigt. Auf Frühstück und lauwarmen Kamillentee muss – oder darf – ich heute Morgen verzichten und so warte ich, bis ich auf die Schlachtbank geführt werde. Diesmal ist es wirklich eine Schwester, die mir aus meiner Sträflingskutte heraushilft und mich in eine ebenso moderne, einfarbig grüne Kutte steckt. Mit einer weiteren Schwester werde ich inklusive Bett in das Untergeschoss des Krankenhauses zum OP-Trakt gefahren. Nun komm ich mir wirklich wie ein Unfall-OPFER vor, so auf dem Rücken in meinem Bett liegend und an die vorbeihuschenden Deckenlampen über mir starrend. Mir wird ganz schlecht – nicht vor Angst, aber von der ungewohnten „Fahrhaltung".

Ein letzter Engel (allerdings in Grün) schüttelt mir die Hand und schließt mich an Geräte und Infusionen an. Komischer Engel, denke ich – mit Mundschutz und Gummihandschuhen. Mein grüner Engel redet noch kurz auf mich ein. Fachsprache pur. Die Ärzte legen Instrumente bereit und unterhalten sich in einer mir unbekannten Sprache. Ich zähle eins, zwei ... und frage mich, ob ich je wieder aufwachen werde. Wenn nicht, dann war das Letzte, was ich in meinem Leben zu Gesicht bekam, ein graumelierter Anästhesist mit grünem Mundschutz und Hornbrille ...

Verblüffend gut!

In einer Klinik in Zürich wird man nicht in den OP geschoben, sondern kann zu Fuß dorthin gehen. Man wird dort begrüßt und bekommt alles erklärt, bevor man die Narkose erhält.

Eine andere Klinik versucht mit viel Erfolg, alles zu tun, um die Krankenhaus- in eine Hotelatmosphäre umzuwandeln. Die Zimmer sind in warmen Farbtönen gehalten, die Handtücher sind weich, riechen frisch und sind bunt. Die Klinik beschäftigt sogar eine „Guest Relation Managerin". Diese besucht alle Patienten zweimal täglich, nimmt ihre Essenswünsche, Lesevorlieben etc. auf und sorgt mit ihrer zuvorkommenden, fröhlichen Art für eine außergewöhnlich gute Atmosphäre.

Blumeneinkauf mit Sprachunterricht

Ich schlage meine Agenda auf und da steht zwischen *Marketing-Zielplan update 10.00 – 11.15 Uhr und 14.00 – 16.00 Uhr Regional Sales Meeting – Besuch bei Großmutter!*

Meine Großmutter lebt seit 11 Jahren im Altersheim und alle drei Wochen halte ich mir einen Termin frei, um ihr und mir eine Freude zu machen. Meine „Mitbringsel“ wähle ich stets sehr bedacht aus und immer nach dem Motto: *Abwechslung tut gut!* Es ist Mitte April und jeder wartet ungeduldig auf das Frühlingserwachen. Deshalb entschließe ich mich auf dem Weg zum Altersheim, bei einer Gärtnerei vorbeizugehen. Auf einer Schiefertafel wirbt diese mit den Worten *Frühlingserwachen bei Gärtnerei Seemüller* – also genau das, was ich wollte! Die Frühlingssträuße, welche auf dem Boden und auf kleinen Podesten aufgestellt sind, überzeugen mich nicht und so entscheide ich mich, meiner Kreativität freien Lauf zu lassen und für Großmutter selbst einen Strauß zusammenzustellen. Eine junge Floristin gesellt sich neben mich und fragt, was mein Wunsch wäre. „Ein schöner, bunter Frühlingsstrauß für meine Großmutter“, gebe ich ihr zur Antwort.

Wie aus der Pistole geschossen beginnt sie, mir die verschiedenen, in Vasen steckenden Schnittblumen näher zu erläutern. „Diese Anemone kombiniert mit Muscari armeniacum wäre eine schöne Variante oder gefallen Ihnen diese Hypericum mit Ranunculus asiaticus besser? Schön wären auch Freesia refracta – die duften so angenehm und dazu vielleicht Myosatis sylvestris?"

Ich verstehe nur BLUMEN – und folge deshalb aufmerksam und mit stierem Blick dem Zeigefinger meiner Fremdsprachenlehrerin. „Diese Centaurea halten sehr, sehr lange", höre ich sie sagen. „Mmmhh – ich würde sagen, diese Myconos Silvester sind ganz schön und vielleicht dazu diese – äääähhh Cyrano de Ber ... oder wie diese da heißen", gebe ich ihr zur Antwort und zeige mit dem Finger auf einen Bund leuchtender Blüten. „Sie meinen, diese Myosatis sylvestris und die Cenaurea cyanus?" Ich nicke mit dem Kopf und frage vorsichtshalber nach dem Stückpreis, als die Floristin anfängt, etliche Blüten aus der Vase zu ziehen. Ich bin heilfroh, den Preis in Euro zu erhalten und nicht in einer alten lateinischen Währung. Als ich die Hochrechnung dieser niedlichen Blüten vollendet habe (und ich bin erst bei acht Stück angekommen), erweitern sich meine Pupillen so, dass meine grünen Augen nur noch „schwarz" sehen.

„Ich glaube, ich entscheide mich dann doch für eine Pflanze", höre ich mich sagen.

„Macht 18 Euro“, sagt „Flora“. „Soll ich die Pflanze in Folie oder Papier einpacken?“ Ich erinnere mich daran, dass Großmutter immer für Umweltschutz war und uns Kinder ständig ermahnt hat, keine Plastiktüten zu kaufen. „Ich nehme lieber Papier“, sage ich.

Das also ist das *Frühlingserwachen bei Gärtnerei Seemüller.* Ich habe nun die Gewissheit, dass von meinem einstmaligen Leistungskurs in Latein rein gar nichts mehr hängen geblieben ist.

Verblüffend gut!

Sprich mit Blumen! ... und das geht besser, wenn sie einen Namen haben.

Nach diesem Motto tauft eine Gärtnerei die Topfpflanzen mit männlichen und weiblichen Namen. Diese Namen sind dann auf einem schön gestalteten Papier mit einem Bastband an der Pflanze befestigt. Außerdem findet man auf der Rückseite der Karte die Pflegeanleitung.

Eine anderes Blumengeschäft offeriert einen Kundenservice der besonderen Art. Bei einem Pflanzenkauf zum Preis von mehr als 100 Euro pro Stück bietet das Unternehmen seinen Kunden an, nach zwei Monaten einen Hausbesuch abzustatten, um nach der „Gesundheit“ der Pflanze zu schauen.

Ein Blumenabo sorgt dafür, dass in Ihrer Wohnung stets Frühling ist! Es gibt zahlreiche Blumengeschäfte, die auf Wunsch wöchentlich „maßgeschneidert“ Blumen liefern. Männer nutzen diesen Service gerne und oft, um ihre Frau zu beschenken.

Katzen würden Fischfutterflocken kaufen

Einmal im Jahr schlage ich meinen Weg in Richtung Tierhandlung ein. Es ist meist kurz vor Weihnachten und ich gehe nicht etwa dorthin, weil ich ein Haustier an Heiligabend unter den Baum legen will, sondern weil wir bereits eines besitzen. Es ist Benjamin, unser Kater. Immer an Weihnachten bekommt er sein Lieblingsgeschenk – Fischfutterflocken in der Plastikdose!

Bei dem Wort „Tierhandlung" stellen sich bei mir immer die Nackenhaare hoch. Wie kann man bei Lebewesen, die unsere treuesten Freunde sein können, von einem „Handel" reden. Rechtlich gesehen zählen Tiere ja leider immer noch als Sache, was diesen Ausdruck aber dennoch nicht in besserem Licht erscheinen lässt.

Im Schaufenster des Fachgeschäftes stehen ein paar Hamster auf den Hinterpfoten und schauen mich mit ihren dunklen Knopfaugen an. Ein Zwergkaninchen klebt mit seiner rosa Nase an der Scheibe.

Als sich die Türe öffnet, schlägt mir das Eau de Toilette der Marke „Auf dem Bauernhof" entgegen und lässt meine Nasenflügel erzittern. Um zu Benjamins Fischfutterflocken zu gelangen, muss ich den ganzen Verkaufsraum durchqueren und auf meinem Weg komme ich an zahlreichen kleinen Boxen und Käfigen unserer tierischen Freunde vorbei.

Plötzlich stehe ich vor einem Käfig, aus dem mich ein halbnackter Graupapagei auf seiner Stange kauernd ansieht. Dieser arme Teufel ist nicht das Opfer einer Verwechslung zwischen Gans (gerupft und fertig für die Röhre) und Papagei, sondern er hat sich selbst so zugerichtet – psychischer Stress, Vereinsamung, Partnerverlust oder einfach nur mangelnde Zuneigung?

Ich würde am liebsten alle Tiere mitnehmen, eine Arche bauen und sie in ein besseres Dasein entlassen. Sie befreien von Menschen, die an die Scheibe klopfen, sie anstarren und nach ihnen greifen.

Mit meinen Fischfutterflocken in der Hand marschiere ich in Richtung Kasse, wo paradoxerweise ein Aufkleber aus den 70er Jahren an der Rückseite klebt: „Ein Herz für Tiere".

Mit meinem Weihnachtsgeschenk für Kater Benjamin laufe ich in Richtung „Vegi-Inn" davon, um dort mein Mittagessen – ganz fleischlos – einzunehmen.

Verblüffend gut!

In einer Großstadt fand ich eine Tierhandlung, welche anstelle lebender Tiere lediglich Bilder im PC und auf Video zeigt. Die Tierhandlung ähnelt einem gemütlichen Bistro mit Sitzecken. Trotzdem findet man hier alles erdenkliche Zubehör. Mittels Mausklick kann man sein Wunschtier bestellen, nachdem man es im PC ausgewählt hat.

Wenn der Boss eine Rede hält

„Liebe Mitarbeiterinnen und Mitarbeiter! Schon wieder ist ein Jahr vorbei. Wie schnell doch die Zeit vergeht ... bla, bla, bla."

Es sind nur drei Sätze, doch wenn Herbert Huber sie spricht, dann sind die drei Sätze der Beginn einer furchtbar langen Rede. „Ich möchte mich kurz fassen ... bla, bla, bla", spricht er weiter, während wir „lieben Mitarbeiterinnen und Mitarbeiter" wie Batteriehühner auf die immer kälter werdende Suppe vor uns starren.

„Dank euch konnte unsere Firma auch dieses Jahr trotz schwer umkämpftem Markt bestehen." Kämpfen, denke ich und stelle mir bildlich vor, wie unser Verkaufsleiter mit den noch verbliebenen Kunden kämpft. Doch kämpfen sollte man ja eigentlich nur mit dem Feind. Wenn Huber die Kunden schon als „zu bekämpfende Feinde" betrachtet, dann werden wir wohl nächstes Jahr auf die neunte Ausgabe der langweiligsten Rede zur Lage der Nation verzichten müssen, schießt es mir durch den Kopf.

Genau genommen spricht Huber ja nicht zu seinen Untertanen, sondern direkt zu seinen Kunden, seinen *internen* Kunden nämlich. Wir kennen das Business besser als er. Wir pflegen im Gegensatz zu ihm noch den direkten Kundenkontakt und wir kämpfen nicht mit unserem Kunden, sondern wir beraten und betreuen ihn.

Die Servicemitarbeiterin bietet allen internen Kunden noch etwas Suppe an, obwohl wir noch keine Gelegenheit hatten, auch nur einen Löffel zu kosten. Ich nicke, als ich an der Reihe bin, in der Hoffnung, dass der Schöpflöffel mit heißer Suppe die mittlerweile erkaltete Suppe auf eine kulinarisch akzeptable Temperatur erwärmt. „Wie ich sehe, ist Suppe und Brot serviert, was mich an ein Zitat erinnert, das mein Großvater und Firmengründer zu zitieren pflegte: Hartes Brot ist nicht hart, KEIN Brot ist hart."

Gerade als zwei Drittel der Belegschaft mit der Hand zum Löffel greifen wollte, in der Hoffnung, dass jetzt das Sprechen dem Essen weicht, hebt Huber sein mit Weißwein gefülltes Glas und sagt: „Ich wünsche uns allen frohe Weihnachten, einen schönen Abend und ... guten Appetit!"

Guten Appetit – das ist unser Stichwort, um uns endlich der bereits wieder lauwarm gewordenen Suppe zuzuwenden. In der Hoffnung, dass unsere knurrenden Mägen nun zügig Nachschub erhalten, warten wir auf den zweiten Gang unseres Weihnachtsmenüs.

Ein „Ho, ho, ho ...", gefolgt von lautem Gebimmel, schreckt uns auf. Anstelle des Hauptganges kommt der Weihnachtsmann wie im Bilderbuch mit einem großen Jutesack auf seinem Rücken durch die Türe. Herbert Huber strahlt übers ganze Gesicht, als er stolz wie ein Hahn den Weihnachtsmann auf der Bühne begrüßt.

Ganz nach „Knigge“ bekommen zuerst alle weiblichen, dann alle männlichen Mitarbeiter ein Päckchen überreicht. Herbert Huber schüttelt dabei jedem kräftig die Hand: „Fröhliche Weihnachten, Herr Kunze!“ – „Alles Gute, Frau ... ähm ...“ „Keller“, fällt ihm die Sachbearbeiterin vom Trakt B in den Satz und reicht Herbert Huber, den sie im vergangenen Jahr kaum 20 Mal gesehen hat, die Hand.

Alle machen sich daran, das Geschenk zu öffnen. Zum Vorschein kommt ein rosaroter Tonengel mit einer blauen Schlaufe zum Aufhängen. „Passt gut zum Ton-Weihnachtsmann vom letzten Jahr“, sage ich ironisch und erinnere mich gerade daran, dass ich diesen meiner Nachbarin an die Haustüre hängte.

„Na, Friedmann – Spass daran?“, fragt Herbert Huber, als er hinter meinem Stuhl stehen bleibt.

Am liebsten hätte ich ihn an ein Kundenorientierungs-Seminar verwiesen, doch ich besinne mich eines Besseren: Ich nehme den Engel in die Hand, schwenke ihn hin und her, ziehe die Augenbrauen hoch und rufe Huber ein kräftiges „Ho, ho, ho ...“ entgegen.

Verblüffend gut!

Verblüffen Sie Ihre Zuhörer bei Ihrer nächsten Rede, indem Sie eine eindrucksvolle, leidenschaftliche und nachhaltig wirkende Rede halten. Das ist Verblüffung genug.

Die Firma des Autors bietet übrigens ein maßgeschneiderte Auftrittskompetenz-Coaching an, bei dem Reden typgerecht aufgebaut und kundenorientiert formuliert werden.

Das Projekt „Kunden-Weihnachtsgeschenk"

„Eine Flasche Wein kann jeder gebrauchen", sagt Elke Krämer, die Marketingleiterin. „Oder hat jemand eine bessere Idee?", hakt sie nach und schaut in die Runde.

Es ist Anfang November und die Geschäftsleitung sitzt „in corpore" bei der monatlichen Sitzung, wo gerade das Traktandum 7 „Kunden-Weihnachtsgeschenk" besprochen wird.

„Einen Kalender kann auch jeder gebrauchen und der hat, versehen mit unserem Firmenlogo, den größeren Werbeeffekt als eine Flasche Wein." Herbert Hubers Worte gelten als in Stein gemeißelt, denn Herbert Huber ist CEO.

„Lasst uns einmal NICHTS schenken!" Acht verdutzte Augenpaare schauen mich fragend an. „Das müssen Sie uns erklären, Friedmann – kein Kunden-Weihnachtsgeschenk!" Huber blickt mich vorwurfsvoll an, geradeso, als hätte ich einem kleinen Kind das Weihnachtsgeschenk gestohlen.

Da Herbert Huber am liebsten Erstens-zweitens-drittens-Argumentationen hört, beginne ich mit genau dieser Taktik, meinen Vorschlag zu erläutern:

„Erstens befinden wir uns derzeit in wirtschaftlich schwierigen Zeiten. Wir können dieses Geld bestimmt sinnvoller einsetzen. Immerhin sprechen wir hier nicht über Peanuts, sondern über 25.000 Euro."

„Zweitens", fahre ich fort, ohne der in Herbert Hubers Gesicht geschriebenen Intervention auch nur den Hauch einer Beachtung zu widmen, „schenkt jede Firma ihren Kunden zu Weihnachten einen Kalender oder eine Flasche Wein. Der Kunde kann ja bereits an Silvester nicht mehr nachvollziehen, wer ihm welchen Wein geschenkt hat. Es scheint mir daher wenig sinnvoll, ein solches Geschenk zu machen. Zudem haben unsere Kunden genau diese Präsente in den letzten Jahren schon mehrmals von uns erhalten."

Schließlich hole ich zum finalen Argument aus:

„Und drittens finde ich, dass wir uns wieder einmal reichlich früh Gedanken zu diesem Thema machen. Jedes Jahr, so kommt es mir vor, lassen wir uns von Weihnachten überraschen." Um diesen Satz wirken zu lassen, setze ich hier eine rhetorischen Pause. Das habe ich vom Präsentationstrainer Jörg Neumann so gelernt und damit bin ich immer gut gefahren, wenn es gilt, „Betroffenheit" zu erzeugen.

„Mein Vorschlag lautet" – ich vermeide jeglichen Blickkontakt mit meinen Kollegen –, „kein Kunden-Weihnachtsgeschenk dieses Jahr. Wir sollten jedoch stattdessen einen x-beliebigen Frühlingstag wählen, an dem wir unseren Kunden ganz überraschend ein Geschenk machen. Das hat eine viel größere Wirkung."

Von „Hat was ..." bis „Außergewöhnlich ungewöhnlich!" oder gar „Ausgeschlossen!" hörte ich in der Runde alle möglichen Stellungnahmen zu meinem Vorschlag. Nachdem jeder meinen Vorschlag auf seine ureigene Art und Weise kommentiert hat, tun wir das, was wir in solchen Situationen immer zu tun pflegen: Wir blicken zu Herbert Huber und warten auf seine finale, unumstößliche und nicht infrage zu ziehende Entscheidung, die immer mit demselben Satz beginnt:

„Da wir uns anscheinend nicht einigen können, bestimme ich Folgendes…" Die nun von ihm eingelegte Pause hat keine rhetorische Bewandtnis, sondern lediglich den Zweck, dass Herbert Huber seine auf den Notizblock gemachten Bemerkungen zuerst ordnen kann, bevor er fortfährt. „Also, Herrn Friedmanns Vorschlag hat was. Doch andererseits kann ich mir kein Geschenk auf gar keinen Fall als Alternative vorstellen. Das wäre ein Traditionsbruch und Traditionen sind nun mal nicht da, um gebrochen zu werden." Sein Blick bleibt nach diesem Satz an mir hängen. Damit versetzt er mich in die Situation eines Schülers, der soeben etwas Wichtiges fürs Leben gelernt hat. „Ich schlage deshalb vor", fährt er fort, „dass wir einem Kinderhilfswerk 5.000 Euro spenden und unseren Kunden eine Karte schicken, mit der wir ihnen dies mitteilen.“

„Ich fasse es nicht!“, denke ich mir und ärgere mich insgeheim, denn dies ist nach der Flasche Wein und dem Kalender der wohl drittdümmste Vorschlag. Ich meine natürlich damit nicht die Spende ans Kinderhilfswerk, sondern die Karte. Wenn schon spenden, dann ohne großes Tamtam. Wenn wir dies nun allen Kunden mitteilen, dann geht der Effekt des Understatements verloren. Der Kunde hat zudem keinerlei Nutzen von der Karte, die er bekommt, und uns kostet das Kaufen und Bedrucken der Karte eine Stange Geld. Geld, das wir lieber auch gleich dem Kinderhilfswerk schenken sollten.

„Frau Krämer, bitte unterbreiten Sie uns doch bis zur nächsten Sitzung drei geeignete Karten- und Textvorschläge.“

„Sind noch Fragen?“, hakt Herbert Huber nach. Solange ich mich zurückerinnern kann, hat er auf diese Frage von uns noch nie ein „Ja“ als Antwort erhalten. Denn er stellt diese Frage immer mit auf seinen Notizblock gesenktem Blick und in einem Ton, der einem jede noch offene Frage im Hals stecken bleiben lässt. So auch heute.

Nun, Fragen gäbe es noch viele, doch die stehen eben nicht auf dem Schreibblock von Herbert Huber, sondern in den Gesichtern seiner Geschäftsleitung. Die Sitzung endet um 11.45 Uhr,

45 Minuten später als geplant, und mir wird klar, dass das Traktandum 7 für unsere Kunden kein verblüffendes Geschenk werden wird.

Verblüffend gut!

In Zürich gibt es eine Firma, die sich auf Kundengeschenke spezialisiert hat. Nach einer ausführlichen Besprechung inklusive Kennenlernen der Firma und der Kundensegmente offeriert das Kreativteam budgetgerechte, originelle, vor allem aber wirksame Kundengeschenke.

Besonders wirksam ist die „Ich besuch meinen Kunden"-Methode. Pünktlich zum Frühlingsbeginn besuchte uns die Verkaufsleiterin eines Hotels, in dem wir öfters unsere Veranstaltungen durchführen, und übergab uns zwei große, bunte Frühlingsblumensträuße als Dankeschön für die Zusammenarbeit. Natürlich folgte etwas Smalltalk. Natürlich werden wir wieder buchen.

Ein anderes Hotelteam hat uns verblüfft, als es am heißesten Tag des Sommers 2000 in unseren Büros aufkreuzte und Speiseeis verteilte.

Komplett ausgebucht

„AlpenresidenzKärntnerturmSieSprechnMit SandraWasKonifürSieTuan?“

Ich lege eine kleine Pause ein, bevor ich antworte, denn ich bin mir nicht sicher, ob diese Express-Wortorgie schon zu Ende ist.

„Joe Friedmann, guten Tag! Ich möchte gerne ein Doppelzimmer bei Ihnen buchen ...“ Bevor ich weitersprechen kann, tönt es am anderen Ende: „Moment, i verbinde ...“

„ZimmerreservationSieSprechnMitPetra ...“

„Joe Friedmann, guten Tag! Ich möchte gerne ein Doppelzimmer bei Ihnen buchen ...“

„Wann?“, fragt mich Petra kurz und knapp. „Vom 14. –17. Januar.“

Nach kurzem Folkloremusik-Intermezzo meldet sich Petra wieder mit den motivierenden Worten: „Des tuat mir laad, do sind mer komplett ...“

Die Suche nach einem Doppelzimmer für ein Skiweekend in Österreich scheint ja ein aussichtsloses Projekt zu werden, denke ich mir. Immerhin war Petra bereits die fünfte Frau in Kärnten, die mir an diesem Tag einen Reservierungs-Korb gab.

„Können Sie denn gar nichts machen?“, frage ich in der Hoffnung, dass sich doch noch eine Türe, respektive ein Doppelzimmer, auftut.

„Naa, tuat mar laad, olles voll beseetzt ..." Im Hintergrund höre ich erneutes Klingeln und mir scheint, Petra ist kurz davor, auch dieses Telefonat entgegenzunehmen. Hiiieeellfeee! möchte ich in den Hörer schreien, denn mein Problem ist noch immer, dass ich keine Unterkunft habe. „Kon i Ihna sonst no etwas tuan?"

„Können Sie mir einen Tipp geben?", frage ich zaghaft. „Puhhh, des is schweer derzaht mit freien Zimmarn ... versuachn S' mol den Kuarfürstnhof." Ihre Stimme verrät mir, dass ich nun besser nicht auch noch nach der Nummer frage.

Nach solchen Telefongesprächen bin ich immer reif für einen Therapeuten. Es kommt mir vor, als läge das Gold auf der Straße, aber jemand ist zu faul, es aufzuheben. Weshalb in Gottes Namen fragt mich die Petra nicht nach meinem Namen und meiner Adresse, denn immerhin könnte es ja sein, dass wir ein anderes Mal kommen. Ein wenig Kundenmarketing in der Zwischenzeit kann ja nicht schaden. Für einen Verkäufer wie mich einfach unfassbar. Ich rufe an und möchte Kunde werden. Als Antwort erfahre ich, was nicht geht, anstatt beraten zu werden, was geht. Deshalb streiche ich dieses Hotel endgültig aus meinem Gedächtnis ...

Immerhin, nach langem Hin und Her konnte ich doch noch ein Zimmer reservieren und so sitze ich mit meiner Freundin keine zwei Wochen später im Hotel Kurfürstenhof in der „Wunder-

Bar“ und bestelle einen Cappuccino. „Cappuccino hom mer net. Oan Milchkaffee können S' bestelln“, entgegnet mir der Kellner freundlich, aber bestimmt und schaut gelangweilt auf den Nachbartisch, an dem sich zwei andere Gäste hinsetzen.

„Das müssen Sie mir erklären“, erwidere ich höchst erstaunt, „denn ein Cappuccino besteht ebenfalls nur aus Kaffee und Milch. Einfach aus Milchschaum mit etwas Schokoladenpulver obendrauf.“

„Der Scheeef hats gsagt, des mochn mer net, da kuan i nix mochn. I kann Ihna an Kaffee bringn mit Schlagobers drauf.“

„Was, bitteschön, ist Schlagobers?“, frage ich unwissender Zentraleuropäer den Toni aus Kärnten.

„Na, Schlaagsahne holt mit an Kakao obendrauf.“

„Das ist ja wunderbar“, sage ich ihm und bestelle zweimal den Austria-Cappuccino, nachdem mir meine Freundin einwilligende Blicke zugeworfen hat.

Ein drittes Wunder begegnet mir, als ich die Rechnung erhalte.

„Des mocht zehn Euro oachtzig“, sagt der Toni. Wir bezahlen und haben genug Wunder erlebt für heute.

Verblüffend gut!

Bei einer (natürlich amerikanischen!) Hotelkette kann der Kunde wählen, ob er seine Zimmerbestätigungen zukünftig per Mail, SMS oder Fax erhalten möchte.

In einem Kaffeehaus bestellte ich einmal einen Milchkaffee. Die Kellnerin fragte mich daraufhin: „Wie möchten Sie Ihren Milchkaffee denn gerne, mit viel oder wenig Milch?"

„Ich möchte gerne einen Espresso", sagte ich dem Kellner in Südtirol. Zu meinem Erstaunen fragte mich dieser: „Welche Marke hätten Sie denn gerne?" Dieses wunderschöne Kaffeehaus hat tatsächlich verschiedene Kaffeesorten im Angebot. Später erklärte er mir dann lakonisch: „Es gibt schließlich auch verschiedene Teesorten. Deshalb bieten wir als Kaffeespezialisten verschiedene Kaffeesorten ..."

In Nürnberg bestellte ich einen Cappuccino und bekam ein in den Milchschaum fabriziertes Schokoladenherz. Die Wirkung ist einfach genial!

Ein Hotel am Achensee hat bei der Reservierungsanfrage immer konsequent die Adresse aufgenommen und gefragt: „Hom Sie an Videorekordär z'haus?" Und tatsächlich kam wenige Tage später eine Videokassette mit einem 10-Minuten-Kurzporträt des Hotels und der Umgebung per Post. Im freundlichen Begleitbrief las ich dann: „Bilder sagen mehr als tausend Worte. Schön, wenn wir Ihnen mit dem Video etwas Vorfreude bereiten dürfen!"

Eine ganz besonders clevere Idee, denn wenn man den Film einmal gesehen hat, verschenkt man ihn weiter – im Gegensatz zum Hotelprospekt, der im Altpapier landet. Der Hotelier hat mir später erzählt, dass sich durchschnittlich fünf potenzielle Neukunden sein Video anschauen, bevor die Videokassette „entsorgt" wird.

Der Mann von der Versicherung

Ich betrete nach einem langen und anstrengenden Tag meine Wohnung, lege meine Mappe auf den Stuhl, als das Telefon klingelt.

„Guten Tag, ich heiße Kerner von der AOP Versicherungsgesellschaft und möchte Sie fragen, ob Sie mit Ihrer derzeitigen Versicherung zufrieden sind ...", fragt mich Herr Kerner am anderen Ende der Leitung.

Eine Situation, die jeder kennt. Da ist ein Verkäufer, der was verkaufen möchte, obwohl man doch schon alles hat. Natürlich bin ich versichert. Mein Auto ist versichert, mein Hausrat ist versichert, mein Haus ist versichert, ja sogar meine Katze habe ich versichert. Ich glaube, es gibt nichts, was nicht versicherbar ist. Sogar der Tod ist versicherbar.

Wenn eine Versicherung erst einmal abgeschlossen ist, dann legt man das viele Kleingedruckte in den Ordner „Versicherungen" und vergisst sogleich wieder alles. Durchs Jahr hindurch wird man lediglich in zwei Fällen daran erinnert, dass man eine Versicherung abgeschlossen hat: Wenn die Prämienrechnung in der Post liegt oder aber beim Schadenfall selbst.

„Ich verstehe Ihre Frage nicht ganz", antworte ich Herr Kerner am Telefon. Diese Antwort hätte ich besser nicht gegeben, denn nun erzählt mir Herr Kerner in einem zehnminütigen Vortrag alle Vorzüge der AOP Versicherungsgesellschaft, insbesondere die unschlagbar fairen Preise und, und, und ...

„Sind Sie noch da?“, fragt er mich, als er nach einer kurzen Redepause seinerseits an meinem Ende der Leitung kein Lebenszeichen mehr hört. „Die Frage ist berechtigt“, antworte ich ihm provokativ. „Schauen Sie, Herr Kerner, ich verfüge über 38 Jahre Versicherungs-Know-how und habe eines gelernt: Nicht die Versicherungsgesellschaft ist maßgeblich, sondern der Kontakt zu meinem persönlichen Berater.“

„Sie arbeiten also auch in der Versicherungsbranche?“ fragte er mich mit einem Anflug von „Dann sind wir ja Berufskollegen!“.

„Nein, wie kommen Sie darauf?,“ antworte ich ihm unschuldig.

„Ja ..., aber ... Sie haben doch eben gesagt, dass Sie über 38 Jahre Versicherungs-Know-how verfügen?“

„Ja, denn genau so alt bin ich und ich bin, wie jeder Zentraleuropäer, seit meiner Geburt versichert.“

Mit dieser Antwort hat er nicht gerechnet! Ich schaue auf meine Uhr und fasse es nicht. Schon 16 Minuten meiner kostbaren Zeit sind von Herr Kerner in Anspruch genommen und ich habe noch nicht einen einzigen Nutzen davon gehabt. Meine Stimmung wird eine Stufe direkter, provokativer, um nicht zu sagen aggressiver.

„Nun haben Sie mir in den schönsten Farben erzählt, wie gut und günstig Ihre Gesellschaft ist. Erzählen Sie mir doch einmal etwas von sich!“

„Was möchten Sie denn wissen?“, entgegnet er verunsichert, denn diese Frage war wohl in seinem Lehrbuch nicht vorgesehen.

„Nun, erzählen Sie mir doch etwas über Ihre persönliche Dienstleistung, die Art und Weise, wie Sie Ihre Kunden betreuen. Zum Beispiel dann, wenn kein Schadenfall zu besprechen ist. Wie unterscheidet sich Ihre Beratung von der Beratung eines Ihrer Kollegen oder meines derzeitigen Beraters?“

„Fakt ist doch, dass der durchschnittliche Kunde den bestmöglichen Deckungsgrad für die günstigste Prämie in Anspruch nehmen möchte ...“, weicht er mir aus.

„Nein, Fakt ist, dass ich NICHT der DURCHSCHNITTLICHE KUNDE bin. (Wer möchte schon DURCHSCHNITT sein!?) Zudem bin ich der festen Überzeugung, dass ich derzeit bei einer gewöhnlichen Gesellschaft versichert bin, jedoch den weltbesten Berater habe. Er heißt Harry Gisler und ist immer für mich da. Es vergehen keine zwei Monate, dass ich nicht auf die eine oder andere Art von ihm höre. Noch bei jedem Schadenfall hat er für mich den Job gemacht, und zwar von A-Z. Er kommt unaufgefordert auf mich zu, wenn er eine Möglichkeit entdeckt hat, Prämien einzusparen oder eine für mich wichtige Zusatzversicherung abzuschließen. Er kennt mich, meine Freundin und meinen Sohn mit Namen und würde mich auf jeder Straße dieser Welt erkennen."

„Aber Herr Fritzmann, das ..."

„Friedmann! Ich heiße Friedmann!", korrigiere ich ihn in der 24. Minute unseres Gespräches und spüre innerlich, dass das Ende unserer Konversation naht.

„Ich mache jetzt zwei Dinge", antwortet er mir unverfroren. „Ich lege Ihnen unsere Unterlagen in die Post und vereinbare mit Ihnen einen Termin, damit Sie sich von mir und der AOP überzeugen können ..."

„Abgelehnt!", antworte ich ihm. „ICH mache jetzt zwei Dinge: Erstens wünsche ich Ihnen einen schönen Abend und zweitens lege ich jetzt meinen Telefonhörer auf ...", und genau das tat ich.

Verblüffend gut!

Mein Versicherungsberater wusste, dass ich meinen Kindheitstraum erfüllen wollte und kurz davor war, ein Cabrio zu kaufen! Er gab mir die Adresse eines besonders guten und fairen Autohändlers und tatsächlich kaufte ich keine fünf Wochen später genau dort mein Cabrio. Als ich an diesem speziellen Tag in mein Büro kam, lag auf meinem Pult eine große Tube Sonnencreme mit einem freundlichen Kärtchen und der Aufschrift: „Vergiss nicht, deinen Kopf einzucremen und allzeit gute Fahrt!"

In Südafrika wurde mein Handy gestohlen. Da rief ich meinen Versicherungsberater an und fragte, was ich tun soll. Er stellte mir einige Fragen und beendete das Gespräch mit dem Satz: „Genießen Sie den Rest Ihres Urlaubs. Ich kümmere mich zwischenzeitlich um Ihr Handy!" Tatsächlich, als ich wieder zu Hause ankam, lag ein brandneues Handy auf meinem Pult und der ganze Versicherungspapierkram sauber vorbereitet und unterschriftsbereit daneben. Alles, was ich noch zu tun hatte, war, ihm zu danken ...

Bei einem schlimmen Hagelunwetter im Sommer 1999 wurden hunderte von Autos demoliert. Meine Versicherungsgesellschaft nutzte die Gelegenheit, die frustrierte Kundschaft zu motivieren. Jeder Kunde erhielt eine schriftliche Einladung, sein Auto zur Schadeneinschätzung vorzuführen. Es waren hunderte von Kunden, um die sich die Versicherungsgesellschaft in wenigen Tagen zu kümmern hatte. Als ich also mit meinem stark lädierten Auto in die Fabrikhalle einfuhr, traute ich meinen Augen nicht. Am Eingang stand mein Berater mit einem Fruchtsaft in der Hand, bat mich auszusteigen und führte mich an eine eigens für die Kunden hergerichtete Sommer-Bar. Während sich Schadenexperten um mein Auto kümmerten, hatten wir ein tolles Gespräch. Keine 20 Minuten später kam jemand und drückte mir meinen Fahrzeugschlüssel in die Hand. Als ich zu Hause ankam und den Kofferraum öffnete, fand ich dort eine kleine Schachtel mit Pralinen. Diese legten sie allen Kunden als Überraschung in den Kofferraum.

Handwerk hat goldenen Boden

Diesen Spruch hörte ich oft von meinem Großvater. Als Handwerker wird jeder bezeichnet, der mit seinen „Händen werkt". Dazu gehört ein Schreiner ebenso wie ein Maurer, ein Maler ebenso wie ein Elektriker – und alle haben eines gemeinsam: Irgendwann werden sie von der Menschheit gebraucht. Ich blättere gerade in den Gelben Seiten, denn ich suche einen Elektriker. Dieser sollte mir zwei große neue Leuchter montieren und drei neue Stromanschlüsse setzen. Ein einfaches Unterfangen für einen Profi, der Horror für zwei linke Hände wie meine.

Alles rund um Strom. Schnell – kompetent – zuverlässig! steht unter dem Firmennamen Leuchter AG geschrieben. Tönt gut, denke ich und wähle die Nummer.

Nach fünf Rufzeichen merke ich, dass mein Anruf umgeleitet wird. Nach weiteren vier Rufzeichen brüllt jemand ins Telefon: „Hallo!"

„Bin ich mit der Leuchter AG verbunden?", frage ich verunsichert nach.

„Ja", lautet die kurze und knappe Antwort.

„Guten Tag, Joe Friedmann. Ich benötige Ihre Hilfe. Es geht um einige ..." „Diese Woche wird das nichts mehr, wir sind komplett ausgebucht", fällt er mir unfreundlich ins Wort, während im Hintergrund ein Schlagbohrer zu hören ist.

Er fragt nach meiner Adresse und Telefonnummer zwecks Rückruf. Eine Woche lang bin ich mir nicht sicher, ob er mich vor lauter Baulärm verstanden hat, doch dann, urplötzlich, ruft er zurück. Es ist Samstagmittag und ich bin gerade beim Einkaufen, als mein Handy klingelt: „Müller, Leuchter AG, guten Tag. Ich bin gerade in Ihrer Gegend und könnte heute nach dem Mittag bei Ihnen vorbeischauen."

Ursprünglich wollte ich eigentlich dabei sein, wenn der Handwerker vorbeikommt, doch ich entschließe mich, meine Einkaufstour nicht abzubrechen und den anschließenden Besuch bei einem Freund nicht schon wieder zu verschieben. Also rufe ich meine Freundin an und informiere sie, dass in Kürze ein Handwerker aufkreuzen wird.

„Bitte frag ihn, bevor er loslegt, was es kostet!", ermahne ich sie, um unliebsame Überraschungen zu vermeiden.

Gerade als ich am späten Nachmittag zu Hause auf den Parkplatz einbiege, verlässt ein Minibus mit der Aufschrift *Leuchter AG. Alles rund um Strom. Schnell – kompetent – zuverlässig!* das Quartier. Hinter dem Lenkrad sitzt ein Mann mit einer Zigarette im Mund und dem Handy am Ohr.

Mit den Einkaufstüten beladen betrete ich voller Vorfreude auf unser „neues Licht" die Wohnung und finde meine mit dem Staubsauger hantierende, schlecht gelaunte Freundin vor. Die von ihr gemachten Äußerungen zum Handwerker fallen leider der Zensur zum Opfer, deshalb beschränke ich mich auf ein Fazit:

Der Handwerker hinterließ auf unserem Teppich Abdrücke seiner schmutzigen Schuhe und an den weißen Wänden befanden sich seine schwarzen Fingerabdrücke.

Selbst die neu installierten Lampen waren schmutzig.

Unsere Wohnung roch stark nach Zigarettenrauch – und dies, obwohl der besagte Handwerker in der Wohnung nicht geraucht hatte ...

Der Arbeitsrapport war unleserlich geschrieben, bis auf die Zahl zuunterst, die wiederum war sehr leserlich geschrieben: Euro 210,00!

Unter jedem Bohrloch lag auf dem Boden ein kleines Häufchen Staub, das wir nun selber aufsaugen durfte.

So viel zum staubigen ..., ähm, goldenen Boden ...

Verblüffend gut!

Ein Malermeister aus Graz gibt seinen Kunden eine Sauberkeitsgarantie. Hinterlässt einer seiner Mitarbeiter die Wohnung des Kunden unordentlich, erhält der Kunde als Entschädigung eine professionelle Reinigungskraft, die diesen Raum auf Hochglanz bringt. Natürlich musste diese Firma noch nie eine Reinigungskraft bezahlen, denn ihre Mitarbeiter arbeiten sehr sauber. Der Kunde hat jedoch mit dieser Art der Sauberkeitsgarantie schon vor der Auftragsvergabe ein gutes Gefühl.

Ein Küchenbauer sägt jeweils aus der bestellten Abdeckung ein postkartengroßes Stück heraus und schreibt darauf: „In genau drei Wochen besitzen Sie eine neue Küche und können Ihre Gäste bekochen! Danke, dass Sie unser Kunde sind." Diese „Postkarte" verschickt er dann tatsächlich an seine Kunden, und dies mit großem Erfolg.

Ein Maler hat sich darauf spezialisiert, nach einigen Monaten bei seinen Kunden anzurufen und nachzufragen, ob sie sich in den Farben der eigenen vier Wände noch wohl fühlen. Schon dadurch kommt es öfters mal zu Folgeaufträgen. Der gleiche Maler hinterlässt zudem nach jedem erfüllten Auftrag eine schöne, sauber beschriftete Farbflasche (Farbtypenbezeichnung!) mit einem Pinsel als Geschenk. Damit kann der Kunde mit der Zeit entstehende Kratzer selber übermalen.

Minus zwei Kunden

Ich betrete gerade das vierte Schuhgeschäft an diesem Tag in der Hoffnung, hier meine Suche nach eleganten braunen Herrenschuhen beenden zu können. Im Schaufenster entdeckte ich bereits einen Schuh, der mir gefiel.

Als ich aus dem Fahrstuhl trete, sehe ich nichts als Schuhe, Schuhe, Schuhe, jedoch niemand vom Verkauf, der mir behilflich sein könnte. Also suche ich meinen Schaufensterschuh halt selber, denke ich mir und laufe die Regale entlang. 39, 40, 41, 42. Die letzte Zahl sollte passen. Meine Augen scannen das Regal auf und ab. Jeder Schuh ist hier, doch der gesuchte nicht. Vor meinem geistigen Auge sehe ich schon eine Verkäuferin, die mir sagt: „Es tut mir leid, aber diesen Schuh haben wir in Ihrer Größe nicht mehr auf Lager ..." Das passiert mir nämlich öfters und nicht nur bei Schuhen.

Das Geschäft ist äußerst edel eingerichtet, jedoch nicht betreut. Gerade als ich ein Stockwerk tiefer eine Verkäuferin ausfindig machen will, kommt mir eine Frau entgegen. Mitte 40 und in eine Wolke Parfüm eingehüllt. „Kann ich Ihnen helfen?", fragt sie mich, während sie zwei nicht ordentlich platzierte Schuhe der Grösse 40 zurechtrückt.

Als ich ihr von MEINEM Schuh im Schaufenster erzähle, verfinstert sich ihr Blick zunehmend. Und da kommen auch schon die schrecklichen Worte: „Wenn er nicht hier im Regal ist, dann haben wir ihn nicht mehr." Wie bereits erwähnt, bin ich solche Worte gewöhnt und greife deshalb zu Plan B. Ein Plan, der mir schon öfters zum Erfolg verholfen hat, der jedoch eigentlich nicht von mir als Kunde, sondern von den Verkaufsmitarbeitern kommen sollte.

„Was ist mit dem Schuh im Schaufenster? Könnte es sein, dass der die Größe 42 hat?", frage ich hoffnungsvoll.

„Moment, ich schaue mal nach." Die Frau begibt sich äußerst gemächlich zur Treppe, tauscht noch mit einer Kollegin einige private Kommentare aus und verschwindet im Schuh-Nirwana. So glaube ich jedenfalls, denn sie kommt erst nach acht Minuten wieder. Immerhin, sie überbringt gute Nachrichten. Mein Plan B hat wieder einmal funktioniert!

Die Schuhe passen, sind jedoch vom Preis her über meiner Vorstellung. 180 Euro, denke ich, das ist eine Menge Geld. Ich versuche, meine Preis-Bedenken mit Logik zu übertreffen, indem ich gute Gründe für den Kauf suche. Teure Schuhe halten länger, sind komfortabler, handgemacht, glänzen schöner und so weiter. Zudem stelle ich mir vor, dass, wenn ich mal weniger ins Kino und mal weniger auswärts essen gehe, die Kosten wieder im Lot wären.

Ich folge der Verkäuferin zur Kasse, wo mir gerade noch eine junge Dame den Platz wegschnappt, die soeben das Geschäft betritt und aus einer Plastiktüte ein paar hochhackige Damenschuhe hervorkramt.

„Ich möchte diese gerne umtauschen", sagte sie und zeigte auf den geknickten Absatz ihres linken Schuhs.

Da es sich um eine Hochpreis-Marke handelt, gehe ich davon aus, dass die Dame kurzerhand Ersatz bekommt. Doch weit gefehlt, denn die Verkäuferin verlangt den Kassenbeleg. „Ohne Beleg kann ich Ihnen die Schuhe nicht ersetzen", gibt sie der Kundin schnippisch zur Antwort.

„Aber der Schuh hat mich 150 Euro gekostet und ist von jener Marke, mit der Sie in Ihrem Schaufenster werben. Ich habe den Schuh in meinem Urlaub im Tessin gekauft. Sie können doch nicht von mir erwarten, dass ich 600 Kilometer weit fahre, nur um diesen Schuh umzutauschen!"

„Tut mir leid, da kann ich nichts machen!", antwortet die Verkäuferin energisch und zieht ihre Achseln hoch, als ob ihre verbale Kommunikation nicht schon hart genug wäre.

Den Tränen nah verlässt die Kundin das Geschäft, während die Hardcore-Verkäuferin die Preisetiketten meiner Schuhe scannt.

„Halt!“, sage ich. „Ich habe es mir anders überlegt und kaufe die Schuhe doch nicht. Nach dem, was ich eben gehört habe, sagt mir mein Bauch, dass ich bei Ihnen nicht so viel Geld ausgeben sollte.“

„Wie Sie wünschen“, antwortet die Verkäuferin unbeeindruckt. „Dann storniere ich den Betrag eben.“

„Richtig!“ antworte ich. „Und heute Abend können Sie zudem in Ihrer Buchhaltung folgenden Vermerk machen: Minus zwei Kunden.“

Verblüffend gut!

Eine Freizeitschuhmarke warb vor vielen Jahren mit dem Spruch: „Das Einzige, was Sie an diesem Schuh nach Jahren ersetzen müssen, sind die Schnürsenkel.“ In Amerika kaufte ich mir ein besagtes Paar Schuhe. Ich trug die Schuhe mindestens zweimal wöchentlich. Nach dreieinhalb Jahren löste sich der hintere Gummiabsatz und ich war kurz davor, die Schuhe schweren Herzens in den Mülleimer zu schmeißen, als mir die Werbung wieder in den Sinn kam. Kurzerhand schickte ich die Schuhe an den Hauptsitz in Deutschland ein, ohne Kaufbeleg, nur mit einem kurzen Begleitschreiben. Nach zwei Wochen kam ein Paket zurück. In dem befand sich mein nagelneuer Lieblingsschuh. Die Firma entschuldigte sich im Schreiben für die Unannehmlichkeiten und erklärte, dass es sich bei meinem defekten Schuh um einen äußerst seltenen Fabrikationsfehler handelte. Wow, kein Wunder, dass ich dieser Marke seit 18 Jahren treu geblieben bin.

3. Teil

Mit Speck fangen Sie Mäuse ...

Machen Sie wirkungsvolle Komplimente!

„Ein Kompliment ist wie ein Sandwich: Zwischen zwei Alltäglichkeiten etwas Besonderes."

Marlene Dietrich

Aus dem Lexikon:

- Kompliment (frz.) (Schmeichelei)
- Lob (Anerkennung, Wertschätzung)

Ich persönlich spreche lieber von Komplimenten als von Lob. Der Grund dafür liegt beim Empfänger. Auch wenn eine Ähnlichkeit nicht abzustreiten ist, bin ich der Überzeugung, dass ein Kompliment näher zum Herzen und zum Menschen dringt als ein Lob. Loben liegt für mich eher im Bereich der Logik und der Rationalität. Mir scheint es viel schwieriger, ein Kompliment auszusprechen, als ein Lob anzubringen. Aber das ist meine ganz persönliche Wahrnehmung.

Was, denken Sie, ist einfacher: Zu reklamieren oder ein ehrliches Kompliment auszusprechen?

Bei dieser Frage scheinen sich die Geister zu scheiden. Den einen fällt es schwer, die Qualität eines Produkts zu bemängeln. Lieber nehmen sie einen Mangel (zähneknirschend) in Kauf, anstatt ihn offen beim Verkäufer zu beanstanden.

Andere wiederum sind nicht in der Lage, jenen Verkäufer direkt und ehrlich zu loben, der sie soeben außergewöhnlich gut beraten hat. Menschen sind eben komplexe und schwer begreifbare Wesen.

Dabei gibt es so viele Möglichkeiten, jemandem ein Kompliment auszusprechen! Der Grund, weshalb wir es dann letztlich doch nicht tun, ist klar. Es fehlt am Mut! Lieber erzählen wir zu Hause, wie toll der Verkäufer war, anstatt es ihm als ehrliches Feedback gleich selber mitzuteilen. Dabei ist Ihr Kompliment seine Motivation! Davon lebt er. Das gibt ihm das Gefühl, den Job auch richtig zu machen. Vielleicht hat der Verkäufer ja keinen motivierenden Chef. Einen, der es nicht versteht, ihm offen und ehrlich Feedback auf seine Leistung zu geben. Umso mehr ist er auf Ihr Kompliment angewiesen!

Komplimente-Einsteiger-Übung

Eine ganz besonders effektvolle wie eindrückliche Übung!

Wir sind es ja schon gewohnt, dass, wenn wir jemandem eine Rechnung schicken, diese nicht fristgerecht bezahlt wird. Das hat zur Folge, dass Mahnbriefe verschickt werden müssen, telefonische Abklärungen unternommen werden müssen, und so weiter. Am Schluss hat man viel Zeit und

Geld aufgewendet, nur um zu seinem Geld zu kommen.

Ich habe einfach nie begreifen können, dass man für jene einen Zusatzaufwand betreibt, die nicht bezahlen, anstatt jene zu belohnen, die unseren Forderungen pünktlich nachkommen.

In meiner Firma werden deshalb alle Kunden, die unsere Rechnungen pünktlich begleichen, durch die verantwortliche Mitarbeiterin kontaktiert. Entweder telefonisch oder mithilfe einer Karte, auf der beispielsweise geschrieben steht:

„Liebe Alexandra Furrer, ganz herzlichen Dank für die pünktliche Überweisung des Beratungshonorars. Wir haben uns sehr darüber gefreut und sind hoch motiviert, auch weiterhin für Sie Spitzenleistungen zu erbringen!"

Probieren Sie es aus und Sie werden staunen, welche Reaktionen Sie damit auslösen!

Seit ich konsequent bin, bin ich ein glücklicherer Mensch, besonders wenn es darum geht, Menschen für außergewöhnlich gute Leistungen zu loben. Schauen Sie nur in die Augen jenes Menschen, dem Sie ein Kompliment oder Lob aussprechen, und Sie wissen, worüber ich hier schreibe! Gerne möchte ich Ihnen anhand zweier Beispiele aufzeigen, zu welch tollen Erlebnissen ein Kompliment führen kann. Im Anschluss daran erfahren Sie vier Tipps für wirkungsvolle Komplimente!

Die Welle in der Küche

Wer mein Buch „1001 Tipps zur Mitarbeitermotivation“ gelesen hat, der weiß, dass ich häufig Motivationsseminare durchführe. An eben so einem Seminar saß ich mit 12 Führungskräften aus der Automobilindustrie beim Mittagessen. Das Lunchbuffet in diesem Hotel war von den Köchen mit so viel Liebe und Kreativität hergerichtet worden, dass alle sich mehrmals davon bedienten und voller Lob waren. Von „genial“, „bombastisch“, „Wow!“, bis hin zu „So etwas habe ich noch nie erlebt“, hörte ich von den Seminarteilnehmern so ziemlich jeden positiven Kommentar. Alle waren wir entzückt vom tollen Mittagessen. Nun kam die Servicemitarbeiterin an den Tisch und fragte „Hat es Ihnen geschmeckt?“ Ich traute meinen Ohren nicht, was danach für Kommentare kamen! „Ja, war sehr gut“ oder gerade mal ein „Danke, ja“ kam da über die Lippen der Seminarteilnehmer.

Als sich die Mitarbeiterin wieder verzog, „knöpfte“ ich mir die Leute vor und sagte: „Hei, ei, ei, ihr seid mir vielleicht Motivatoren.“ Nach kurzer Diskussion stimmten mir die Teilnehmer zu: „Ja, eigentlich hätten wir dieses Lob ehrlicher, direkter und vor allem etwas begeisterter aussprechen können.“ Und somit, dachten sie, war die Sache vom Tisch. Ich jedoch machte den Vorschlag, dass wir nun alle miteinander in die Küche marschieren, uns vor den Köchen aufstellen und eine bombastische Welle machen, wie man sie sonst nur in großen Fussballstadien erlebt. „Nein, das kannst du doch nicht machen. Einfach in die Küche gehen, wo gibt es denn so etwas!" Doch ich ließ nicht locker und so standen wir auf und gingen anstatt zum Restaurantausgang ungefragt durch den Serviceeingang in die Küche. Formierten uns vor einem halben Dutzend Köche, die uns alle misstrauisch anstarrten. Wir verbeugten uns und machten gemeinsam eine Welle mit einem lauten „Ooooooooooooohhhhh".

Für eine Sekunde war Totenstille. Bis der Küchenchef sich zu Wort meldete und uns verdutzt und mit ernster Miene fragte: „War was nicht gut?"

„Im Gegenteil!", erwiderten wir. „Der Seminar-Lunch war der beste, den wir je hatten, und wir wollten euch das gleich selber mitteilen." Daraufhin strahlten die Köche um die Wette.

Um 15.30 Uhr war Kaffeepause. Der Direktor des Hauses kam zu uns und teilte uns mit, dass seine Köche noch immer in der Küche seien und über das Erlebnis sprachen. Noch nie hätte jemand so ein tolles Kompliment gemacht.

Wir haben diesen Köchen mit einer kleinen, mutigen Geste eine bleibende Freude bereitet.

Im Einkaufsstress

Es war kurz vor Weihnachten, als ich mich mit hunderten von anderen kaufsüchtigen Konsumenten in eines dieser gigantisch großen Einkaufshäuser zwängte. Ich wusste genau, was ich einkaufen wollte, jedoch nicht, wo ich was bekomme. Am schlimmsten war die Rushhour in der Lebensmittelabteilung. Schreiende Kinder, genervte Eltern, rempelnde Manager und flanierende Touristen. Alles und jedermann schien sich hier versammelt zu haben.

Fünf Dinge trennten mich von dem Weg in die Freiheit:

- Senf mit grünem Pfeffer
- Flasche Olio extra vergine
- Zitronengras
- Pistazien-Eiscreme
- Parmesankäse / 200g

Ich stand vor dem Konservenregal und suchte Senf mit grünem Pfeffer. Natürlich vergebens. Hätte mich jemand aus der Vogelperspektive beobachtet, dann hätte er gerufen: „Kalt, ganz kalt!" Doch ich sah Hilfe kommen. Eine Verkaufsmitarbeiterin kreuzte meinen Weg und als sich auch unsere Blicke kreuzten, fragte ich: „Ich suche diesen speziellen Senf, den mit grünem Pfeffer ..."

„Ja, den haben wir! Sie befinden sich jedoch drei Blocks südlich davon!“, gab mir die Verkäuferin zur Antwort. Irgendwie muss sie mir angesehen haben, dass ich kein Einkaufsprofi bin, und fragte mich: „Was brauchen Sie denn sonst noch?“ Ich hielt ihr kurzerhand den Zettel vor die Nase. Sie hielt kurz inne und sagte dann: „Also, los geht's!“ Ich lief ihr einfach hinterher und in weniger als fünf Minuten stand ich mit den gewünschten Sachen im Korb mit der Verkaufsmitarbeiterin vor der Kasse.

Eine unglaublich sympathische Geste. Vor allem wenn man bedenkt, in welch einer Stresssituation diese Mitarbeiter vor Weihnachten stehen. Ich hielt es gerade mal zehn Minuten aus in diesem Wespennest und sie war sicher schon seit Stunden auf den Beinen. Gerade wollte sie sich dem nächsten Kunden zuwenden, als ich sagte: „Wenn es einen Oscar für Freundlichkeit und Hilfsbereitschaft gäbe, Sie hätten Ihn verdient.“ „Das freut mich sehr, ähm, dass Sie das jetzt gesagt haben. So etwas hört man nicht oft ...“, erwiderte sie etwas verlegen.

Wow, war ich froh, dass mich mein Mut nicht verlassen hatte. Ihr Strahlen war mein Weihnachtsgeschenk.

Vier Tipps für wirkungsvolle Komplimente

1. Machen Sie nie Komplimente für durchschnittliche Leistungen!
2. Schauen Sie immer in die Augen jener Person, der Sie gerade ein Kompliment aussprechen.
3. Schenken Sie ein Kompliment sofort und warten Sie nicht, bis ein „besserer“ Zeitpunkt dafür kommt.
4. Sprechen Sie Komplimente immer in Ihren eigenen Worten und spontan aus. Alles andere wirkt unecht, einstudiert und erzeugt allenfalls eine schlechte Wirkung.

Reklamieren Sie, aber richtig!

Sie schneiden genüsslich mit dem Messer durch Ihr 22-Euro-Steak und bemerken schon beim ersten Bissen, dass es sich hier nicht um das auf der Speisekarte angebotene „zarte Rindersteak aus heimischen Gefilden“ handelt, sondern eher um ein altes Rindvieh.

„Hat es geschmeckt?“, fragt Sie der Kellner, als er Ihren Teller abräumt. Statistisch gesehen antworten Sie jetzt zu 70% mit einem verlegenen „Ja“, bezahlen die Rechnung artig und verlassen das Restaurant. Diese Negativ-Erfahrung werden Sie, wiederum statistisch gesehen, mindestens zehnmal weitererzählen.

Ob im Restaurant, in der Kleiderboutique, beim Frisör oder in der Autowerkstatt: Nehmen Sie einen Mangel nicht einfach hin, sondern reklamieren Sie! Für Sie hat es den Vorteil, dass Sie Ersatz bekommen und der Anbieter kann seinen Fehler wieder gutmachen und den Kunden zufrieden stellen. Das kann er jedoch nicht, wenn Sie hinter vorgehaltener Hand reklamieren. Es ist unehrlich und falsch, Fehler anderer einfach so hinzunehmen. Davon hat letztlich niemand was. Viel wichtiger scheint mir beim Reklamieren die Art und Weise, wie die Reklamation formuliert wird.

Sechs Tipps, wie Sie verblüffend gut reklamieren!

1. Bevor Sie reklamieren, sollten Sie davon ausgehen, dass der Fehler nicht absichtlich oder gar böswillig geschehen ist.

2. Reklamieren Sie immer bei einer Person und nennen Sie diese beim Namen. Sie schaffen so einen Bezug zu dieser Person. Sie fühlt sich in den meisten Fällen moralisch verpflichtet, Ihnen zu helfen.

3. Reklamieren Sie unverzüglich, das heißt, beim Steak nach dem ersten Bissen und nicht erst, nachdem Sie fertig gegessen haben. Reklamieren Sie, wann immer möglich, sofort und nicht von Zuhause aus per Brief. Papier ist ja bekanntlich geduldig ...

4. Reklamieren Sie in äußerst freundlichem Ton und durchwegs sympathisch. Sympathischen Menschen hilft man gerne! Nur so appellieren Sie an die Hilfsbereitschaft des Verkäufers. Versetzen Sie ihn in Ihre Lage. Mit Herumschreien markieren Sie lediglich den Macho und Ihre Chancen, zum gewünschten Ziel zu gelangen, stehen schlecht.

5. Bleiben Sie bei den Tatsachen und übertreiben Sie nicht. („Ich warte schon 30 Minuten auf einen Kellner!!") Sie bieten sonst nur Gründe, dass Sie selbst zur Zielscheibe werden.

6. Bedanken Sie sich für den prompten Ersatz oder für die guten Absichten, Ihnen zu helfen!

Wo bleibt die Großzügigkeit?

Es ist einfach unglaublich, wie kleinlich sich Verkäufer bei Reklamationen oft verhalten.

Sehr eindrücklich erlebt man dies, wenn Sie als Gast im Restaurant eine Flasche Wein bestellen und beim Verkosten feststellen, dass sie „Kork" hat.

Ich habe schon erlebt, dass bei einer „Kork-Beanstandung" am Schluss drei Kellner um den Gast standen und ihn vom Gegenteil zu überzeugen versuchten – und das bei einer Flasche, die im Restaurant 35 Euro kostet (Einkaufspreis für den Restaurateur ca. 10 Euro).

Dabei wurden andere Gäste auf den Vorfall aufmerksam, was dem Gast natürlich peinlich war. Anstatt diskret zu reagieren und die Flasche kommentarlos auszutauschen, befanden diese Kellner, dass Angriff die beste Verteidigung sei.

Dabei lohnt sich ein Streit gar nicht. Der Restaurateur erhält jede Weinflasche, die Kork hat, von seinem Weinlieferanten kostenlos ersetzt. Alles, was er tun muss, ist, die Flasche auf die Seite legen, ein Post-it daran heften und darauf schreiben: „Kork!"

Ich habe in meinem Leben schon so viele Kellner geschult und staune immer wieder, wie voreingenommen gewisse Restaurantmitarbeiter sind. „Das macht er bestimmt extra!“, „Die Flasche hat gar keinen Korken!“, „Da könnte ja jeder kommen!“, „Die Gäste nutzen das nur schamlos aus!“, sind nur einige Vorverurteilungen gegenüber Gästen.

Ein Hotelier hat mir einmal wutentbrannt den Vorschlag gemacht, dass ich mit meiner Firma nicht seine Mitarbeiter, sondern seine Gäste schulen soll. Heute ist er nicht mehr Hotelier.

Erstaunlich, was für eine negative Einstellung doch manchmal herrscht – und dies in einer Branche, wo sich die Mitarbeiter als Gastgeber bezeichnen. Oft passiert, wie schon erwähnt, das Gegenteil. Anstatt dass dem Gast etwas gegeben wird, wird ihm etwas genommen.

Sicherlich gibt es Gäste, die gewisse Situationen schamlos ausnutzen. Dies betrifft jedoch selten mehr als 2% der Kundschaft. Deshalb frage ich Sie: Macht es Sinn, dass wegen dieser 2% die anderen 98% bestraft werden?

Viel wichtiger scheint mir, dass Kunden sich sicher fühlen können, dass sie, wenn etwas mit dem Gekauften nicht stimmt, Ersatz erhalten.

Dass Kunden das Sicherheitsgefühl lieben, hat ein amerikanischer Schuhhersteller schon vor Jahren erkannt.

Er warb damit, dass bei auftretenden Qualitätsfehlern oder sonstiger Unzufriedenheit der Kunde unverzüglich ein neues, gleichwertiges Paar Schuhe erhält.

Die Konkurrenten rieben sich bereits die Hände und waren fest davon überzeugt, Zeuge eines riesigen Marketingflops zu werden. Doch weit gefehlt! Die Firma stellte nach einem Jahr fest, dass gerade mal 2,9% ihrer Kunden das Angebot ausnutzten und ungerechtfertigt Ersatz verlangten. Bei den anderen 97% der Kunden jedoch führte diese Werbung zu einer Vertrauensbildung und zu einer Imageverbesserung der Marke. Natürlich haben sich die Marketingverantwortlichen der Firma im Vorfeld gefragt, wie viele Kunden wohl den Deal ausnutzen. Deshalb haben sie vorsichtshalber 3,5% Verlust in die Verkaufspreise mit einkalkuliert ...

4. Teil

And the winner is ...

Gewinnen Sie den „Kundenverblüffungs-Award"!

In meinen Seminaren und Vorträgen konnte ich in den letzten Jahren viele Menschen von der Verblüffungsstrategie überzeugen und sie begeistern. Viele Manager haben diese Strategie übernommen und in ihren Unternehmen eingeführt, sehr zum Wohle ihrer Kunden.

Das hat mich auf die Idee gebracht, den „Kundenverblüffungs-Award" zu kreieren, der erstmals im Sommer 2004 vergeben wird. Ausgezeichnet wird jene Person, die die beste Kundenverblüffung inszeniert hat.

So funktioniert es:

Sie können auf unserer Homepage www.nzp.ch Ihr verblüffendstes Kundenerlebnis schildern und jene Person nominieren, die Sie mit einer außergewöhnlich guten Leistung verblüfft hat.

Selbstnominationen sind ausgeschlossen!

Die Auswahl wird von einer sechsköpfigen Jury (drei Frauen und drei Männer) vorgenommen, bestehend aus Kunden, Anbietern und mir selbst.

Sowohl der Verblüffer wie auch sein Nominator erhalten einen Preis!

Berücksichtigt werden unter anderem folgende Kriterien:

- Der Verblüffungsgrad beim Kunden
- Die Originalität
- Die Kundenorientierung
- Die Nachhaltigkeit der Verblüffung
- Der Praxisbezug
- Der Werbeeffekt
- Das Kosten/Nutzen-Verhältnis
- Die Einzigartigkeit

Verfahren

Einsendungen können ausschließlich über das speziell dafür vorgesehene Formular auf der Homepage www.nzp.ch vorgenommen werden.

Die Gewinnerin oder der Gewinner werden zusammen mit ihrem Nominator schriftlich benachrichtigt und zur Preisübergabe nach Luzern eingeladen.

Die Preise

Die Gewinnerin oder der Gewinner erhält den „Kundenverblüffungs-Award" in Form einer Wander-Trophäe sowie ein verblüffendes Weekend in der Schweiz.

Der Nominator gewinnt ein verblüffendes Weekend für 2 Personen in Luzern.

Vertraulichkeit

Alle Daten werden mit höchster Vertraulichkeit behandelt. Personen und Namen werden ausschließlich mit vorherigem Einverständnis publiziert.

Kosten

Die Teilnahme ist kostenlos.

Fragen?

Weitere Auskünfte zum „Kundenverblüffungs-Award" erhalten Sie von

Daniel Zanetti
NeumannZanetti & Partner
Huobmattstrasse 5
CH-6045 Meggen
0041 41 3797777
daniel@nzp.ch
www.nzp.ch

Der Rechtsweg ist ausgeschlossen.

Anpassungen der hier gemachten Angaben können jederzeit von NeumannZanetti & Partner vorgenommen werden. Bitte informieren Sie sich über den aktuellen Stand dieser Aktion auf unserer Homepage www.nzp.ch.

Der zuletzt lacht, ist der Kunde

Als Kunde sind Sie auch Richter und somit in einer Machtposition, die Sie jedoch nicht offensichtlich ausnutzen sollten. Seien Sie ein guter Richter und fällen Sie Ihre Urteile fair.

Mussten Sie im Restaurant zu lange auf Ihre Spaghetti warten? Dann seien Sie großzügig und geben Sie dem Restaurant-Team nochmals eine Chance. In vielen Fällen werden Sie später zurückblickend sagen können, dass das lange Warten eine Ausnahme war. Fehler passieren. Nicht nur in Restaurants ...

Wenn ich bei Verspätungen oder Qualitätsmängeln eine zweite Chance fordere, dann fordere ich für Unfreundlichkeit die Höchststrafe. Die Höchststrafe ist nicht etwa eine Meldung beim Verbraucherschutz, sondern Ignorieren. Geben Sie Ihr Geld anderswo aus und erzählen Sie möglichst vielen Menschen, **was** Ihnen **wo** und **wie** widerfahren ist. Damit entziehen Sie dem Anbieter Geld und das trifft ihn am härtesten!

Egal, wie unfreundlich oder unprofessionell man Sie behandelt, am Schluss sind immer Sie der Sieger. Denn Sie sind schließlich der Kunde!

Danke!

Ich danke allen Menschen, die mein Kundendasein in den letzten 38 Jahren mit ihren verblüffenden Leistungen versüßt haben. Auf meinen zahlreichen Reisen, geschäftlich wie privat, habe ich immer wieder Menschen getroffen, die in vorbildlicher Art und Weise vorleben, wovon in diesem Buch die Rede ist, nämlich einen exzellenten Service. Wenn nun mal der Service nicht so gut ist, dann habe ich für mich persönlich einen Weg gefunden, meinen Kundenfrust abzuarbeiten, indem ich Joe Friedmann meine Stimme gebe ...

Ich danke auch ...

... meinem Sohn Noah, das Beste, was ich je gemacht habe. Er lehrt mich so vieles und hat noch das ganze verblüffend schöne Leben vor sich. Ich bin immer für dich da!

... meiner Lebenspartnerin Beatrice, die ich über alles verehre und die mein Lebensmittelpunkt ist. Deine Liebe gibt mir unendlich viel Kraft.

... Jörg Neumann, meinem Freund, Inspirator und stets verlässlichen Geschäftspartner. Ich freue mich auf viele weitere begeisternde Projekte mit dir!

... Heike Reutlinger, die mit ihrer Begeisterung und Identifikation viel zum guten Gelingen dieses

Buches beigetragen hat und die ich nicht mehr missen möchte. Danke Heike!

… Harry Gisler, der für mich seit Jahren in puncto Kundenorientierung ein Vorbild ist.

… „meinem" Briefträger, der nicht nur Briefe austrägt, sondern auch jeden Morgen gute Stimmung verbreitet.

… dem NeumannZanetti & Partner Dream-Team, das mit viel Engagement mithilft, dass wir eine außergewöhnliche Firma bleiben.

… Daniela Amrein, der verlässlichen Supporterin. Was würde ich nur ohne dich tun? Du bringst 1000 Dinge unter einen Hut und vergisst trotzdem nie zu lachen.

… Alexandra Furrer, der jahrelangen Weggefährtin. Genial, wie du uns mit deiner Flexibilität und deinen Kontakten immer zur richtigen Zeit am richtigen Ort unterstützt.

… Bettina Spichiger, unserer genialen Trainerin. Auf dich ist einfach in jeder Hinsicht 100% Verlass. Ich bewundere deine perfekte Balance zwischen Arbeit und Spaß.

… Aurelia Marty, der perfekten Officemanagerin, die wir uns immer schon gewünscht haben. Du hältst intern die Zügel fest in der Hand und tust unserer Firma in jeder Hinsicht gut.

... Ralph Hubacher, dem Maßschneiderer. Du schaffst es, bei jedem Kunden wieder neu Maß zu nehmen und mit Sympathie, Konsequenz und Mut dafür zu sorgen, dass es unserer Firma weiterhin gut geht.

... Lucia Elmiger, der Frau für alle Fälle! Danke, dass du unser Team seit Jahren so perfekt ergänzt und uns alle immer wieder mit deiner Professionalität und Inspiration verblüffst.

... Ina Stockhausen, unserer Frau in Kanada! Dein Mut und deine Offenheit für das Neue ist beeindruckend. Danke für deine Unterstützung auf internationalem Parkett.

... Patrick Favre, Monsieur 1000 Volt. Du betreust unsere französisch sprechenden Kunden optimal mit viel Engagement, Ausdauer und Energie. Dank dir gibt es keine sprachlichen Barrieren in unserer Firma. Merci Patrick!

Zudem danke ich all jenen, die mit Ihren Beispielen und Erlebnissen Joe Friedmann Leben eingehaucht haben.

Der Autor

Daniel Zanetti führt gemeinsam mit seinem Geschäftspartner Jörg Neumann die 1996 gegründete Schweizer Beratungsfirma NeumannZanetti & Partner. Seine Firma ist spezialisiert auf Kommunikationstrainings, Mystery Checks und Executive Search. Das Unternehmen betreut weltweit Kunden aus allen Branchen.

Daniel Zanettis Kernkompetenzen liegen auf den Gebieten Kundenverblüffung, Empowerment-Beratung, Mitarbeitermotivation, Management Trainings und Executive Search.

Im Bereich der Kundenverblüffung berät er Kunden mit verblüffenden Tipps, wie sie sich in der Leistungserbringung von den Mitbewerbern unterscheiden können.

Er ist der Begründer des „Kundenverblüffungs-Awards“ und Autor des bereits 2001 bei Redline Wirtschaft erschienenen Bestsellers „1001 Tipps zur Mitarbeitermotivation“.

Stichwortverzeichnis

E

F

G

H

I

K

L

M

N

O

P

Q

R

S

T

Z

REDLINE WIRTSCHAFT

Daniel Zanetti
1001 Tipps zur Mitarbeitermotivation
Verblüffende Ideen für einen motivierenden Geschäftsalltag

2. Auflage

ca. 192 Seiten
Format 12,5 x 18,7, Taschenbuch
€ 8,90/CHF 16,–
ISBN 3-478-81288-7

Jörg Neumann
Formulieren ohne Floskeln
Geschäftskorrespondenz mit Pep und Persönlichkeit

2., aktualisierte Auflage

ca. 120 Seiten
Format 17 x 24, Broschur
€ 10,–/CHF 18,30
ISBN 3-636-01196-0